我的人生不卡卡

蔡稀尹——著

利他——
而後成就自我的日常練習

蔡稀尹，從寫遺書到成為一名激勵講師，
她說，失敗是一種選擇，選擇使你走向失敗，
卻也給了翻轉的力量，讓人昂首向前。

推薦序一　我喜歡，妳清澈、勇敢、堅定的笑容　楊小黎　6
推薦序二　用生命故事做標竿，帶來正向吸引力　林貞貞　9
推薦序三　活在當下，強大自己　黃佳興　12
推薦序四　逆轉勝，迎向幸福人生　吳凱城　14
推薦序五　導演一齣自己的人生佳劇　朱錦榮　16
推薦序六　從生命低谷頑強復甦，在迷路之中找尋方向　王剛、王偉明　18
自　序　從「迷路」到「為人指路」——踏上我的講師之路　21

目錄 Contents

Part 1 我的人生不辜負——感謝每一次鼻青臉腫

我在高爾夫球場遇見人生導師，原來把球打好的關鍵，不是靠蠻力，而是要充滿彈性，才能在身心靈的拔河賽中，借力使力，突破重圍，脫穎而出。每一次的全力以赴，每一次的鼻青臉腫，我相信我的人生終將不會辜負我。

01 一門高爾夫球課教我的事 32
【奇蹟如昫．練習一】高爾夫球的揮桿出擊

02 想釣魚，就搭電梯？ 42
【奇蹟如昫．練習二】搭電梯的出奇制勝

03 女兒也有都市傳說 53
【奇蹟如昫．練習三】化身無懼的美人魚

04 心中有田，你就是行走的種子 64
【奇蹟如昫．練習四】種下當下的種子，收穫幸福

Part 2 總裁高情商——為自己而活，才能讓別人靠攏

蔡康永說，所謂高情商，不是迎合別人，而是關注自己。其實他說的，就是在人際相處中恰如其分地扮演自己，不只能夠愉快地做自己，還能夠讓身旁的人感到幸福愉悅，當雙方都擁有一段舒服的關係，自然會彼此靠攏，互成對方的貴人。

05 利他，才能成就自己 78
【奇蹟如晌．練習五】讚美細胞，從「心」開始！

06 方向錯誤，請喊卡！ 92
【奇蹟如晌．練習六】為曾經說的謊，因你受到傷害的人道歉

07 固執與堅持，永遠不過時 115
【奇蹟如晌．練習七】假如你是一位馬桶銷售員……

目錄 *Contents*

Part 3 你的成功可以不一樣——走出內心黑洞，讓愛發光

誰不是一路跌跌撞撞的成長，上天厚愛，在過程中送我許多「禮物」，帶我「領悟」此生未完的功課，於是乎頭銜從「遺書小姐」、「迷路專家」，來到「不要臉女王」，完成奇蹟變身的三部曲。

08 第一名，不要臉女王！ 134
【奇蹟如昫．練習八】做一件不要臉的事！

09 十萬次練習，成就NO.1的演說 148
【奇蹟如昫．練習九】寫出屬於自己第一名的演講稿

10 我，存在於自己的未來 174
【奇蹟如昫．練習十】修心瑜珈，與自己內外和解！

後記 在廈門，遇見我的未來 194

附錄 從迷路到回家，人生劇本由我翻轉

■ 人生不思議——情節一：大霧籠罩前路 214

■ 人生不思議——情節二：垃圾天堂 219

【推薦序一】

我喜歡，妳清澈、勇敢、堅定的笑容

金鐘演員、主持人　楊小黎

初見稀尹，是在二〇一七年的夏天，當時我開辦了短期的口語表達課程，希望和更多不同領域的朋友，分享我在表演工作、在生活面向上，對於「溝通」這門藝術的心得。

即席演說訓練課，美好的相遇

當時在教室角落，總有一個恬靜、專注的身影，她傾聽著大家的故事，不多言、不搶話，就是靜靜地聽。

這是我一開始，認識的稀尹。

但，你以為她就是如此含蓄靦腆、如同瓊瑤小說一般，眨著水汪汪大眼睛的弱女子嗎？

喔不！你搞錯了，我也搞錯了！聽我娓娓道來。

上了幾次課後，大家開始慢慢熟悉，有一次即席演說訓練，我要求同學抽完題目，準備五分鐘後，要在台上講滿十五分鐘，只要時間沒到就不可以放棄，不可以下台（是的，老師有點嚴格XD），同學們都非常努力撐完十五分鐘，有的笑場、有的抓頭、有的不斷深呼吸，也依舊堅持講下去，讓為師的我甚感欣慰。

為愛勇敢，溫暖綻放

輪到稀尹時，在第五分鐘，她看向我，有著求救的眼神，害羞又爬上她的臉龐，雙腳似乎就要踏下講台。這時，我和她說：「妳可以的，把妳自己最真實的感受、過往的人生故事變成養分和大家分享，妳一定做得到！」

她沉思了一會兒，閉上眼睛似乎在整理些什麼。

然後，再度張開眼睛時，我看到她眼中散發出微微的光，從一開始有些怯弱的聲調，轉變成漸漸堅定的語氣、越來越真誠、越來越有溫度，教室的氛圍越來越溫暖，同學們的眼神也越來越柔軟。

台上的稀尹，眼眶紅了，不再武裝了，充滿了能量和自信，好像在短短十幾分鐘，她，和自己和解之外，更願意把這些力量釋放，我們也才知道，她過去的一切，是如此不容易，她多麼勇敢地、多麼正面地把這些故事，在有安全感信任的情況下，分享給我們。

不再「迷路」，創造美麗人生

稀尹，擁有像水一般的能量，溫柔又有力，而這些勇敢，都是以愛為出發點，才能如此堅定。

就像她的文字，不自怨自艾，也不乞求同情，而是像和老朋友聊天一般，透過她的故事和我們的自身經驗做連結，在同理心的前提下，陪伴我們找到最適合自己的路，找到不再「迷路」的方法，以及開始為自己「造橋鋪路」的可能。

我讀過一句話：「強悍是一種信念，相信自己能挺過激烈的交鋒。」

但在稀尹身上，我更確信：「清澈、勇敢、堅定的笑容，是創造美麗人生的不二法門。」

恭喜妳，也謝謝妳帶給我的感動，和風如「晌」，每天為自己而活，我會牢牢記住的。

【推薦序二】

用生命故事做標竿，帶來正向吸引力

美國加州獨立電影節之特別編劇推薦
馬來西亞知名電影編劇家　林貞貞

有人以寫作為畢生職業，一輩子只為了寫書這件事。

稀尹卻不一樣，寫書對她來說，是一種平衡的發洩。

自己並沒有想像的堅強

在父母感情破裂的成長環境下，她不知道什麼是——「愛」。童年的陰影深深影響著她，自我保護的圍牆也越築越高，不知不覺中在人生的道路上迷失了自己，開始做一些錯誤的事情來彌補心理的創傷。

原以為，自我放縱會令自己比較開心，後來發現，心靈上的空虛比一個人來得更加寂寞，她終於明白自己並不是想像中的那麼堅強。

她需要心靈療癒，於是開始有了夢，夢中有樂也有悲傷，有看不見的未來，但她沒有選擇退縮。

她依然堅持做各式各樣的夢，或許曾經她的生命與世界格格不入，甚至活在自己的虛擬世界裡……，這是我三年前剛認識她時，對於自己的一種生存方式。

沒有煽情，每本書都是成長

稀尹的文字沒有煽情的字眼，卻足以讓人黯然神傷。

現在，看她出了第三本書，每本書都是成長，也拍了自身故事的微電影。

於是，我感動地答應她，願意用我的專業，協助她成就一切的夢想。

因為她總是用篤定的眼神對我說：「我不是要博取同情，也不是最悲慘的人，但是我要當那一個最願意的人，用生命故事做為標竿，勇敢地站出來，帶給每位朋友更正面的力量！」

就是這股讓大家跟著她一起越來越好的信念，共同創造出生命的寬度，而不再糾結生命的長度。

稀尹的第三本書——《我的人生不卡卡：利他而後成就自我的日常練習》，也讓我學到了很多我所想不到的思維，或許可以說智慧的提升，所以我要邀請各位，如果你也是被她的名字吸引（與「稀尹」同音）而來，那麼我誠心邀請你們進入這個世界裡，一起見證她的成長及轉變。

套用她的一句話：「沒有行不行，只有肯不肯。」

加油，稀尹，愛與妳同在！

【推薦序三】

活在當下，強大自己

佳興成長營創辦人　黃佳興

小幸福，憑感覺。

一杯咖啡，一個家人的擁抱，一本好書，都可以讓我們感受到幸福無比。

這本書籍讓人們看到了在生命當中黑暗、迷茫，以及無情的考驗、挑戰，如何一步一步地走過來，再用心地去感覺。

活在當下，用心體驗，要朝著什麼樣的方向前進？請細細品嚐這本書籍，你會感受到生命的力量，體會到無限的美好。

大幸福，需要競爭力。

透過學習、成長，具備競爭力，透過生命的考驗跟挑戰，依然選擇前進，累計起的競爭力，才會成就真正的強大。

非常的榮幸，為稀尹《我的人生不卡卡：利他而後成就自我的日常練習》寫序，也期待，看過這本書籍的每一個人，可以真正體會到，什麼是全方位的成功。

在生命當中的每一天，感恩自己的身體，感恩我們的家人，感恩這個世界，感恩這一切的發生，創造幸福、成功、快樂的人生。

【推薦序四】

逆轉勝，迎向幸福人生

台灣30大魅力商品店家
三口幸福烘焙創辦人　吳凱城

入秋，是我第一次與稀尹姐相識的季節，在綠葉轉枯之時，總有新生命開始醞釀誕生，這是我對她第一眼的感覺，感覺她非常努力、勇敢，是需要拉一把的那個人。

同時，也在對談中，知道她堅強外表下波折的過去；或許是上天的安排，總能讓人生經歷相互共鳴的人相識，進而互助、激勵、成長、突破。

利他助人，注入幸福能量

「一場精彩的球賽，不會是一面倒的局面，反倒是有來有往的激烈對抗。」書中提到人生中或多或少會遇到的關卡，可以看到稀尹姐勇敢面對一切，如何在人生分數落後時，努力紮穩腳步，一步一腳印打好每一球，如何利他助人，成就他人、提升自我，期待看過這本書的朋友，都能從中有所體悟，往更好的自己邁進。

三口幸福烘焙，一個能帶給人幸福的甜點店，一路始於初衷，用每一款甜點帶給人們幸福，也在這次的相識，為稀尹姐注入幸福能量，在不求回報後，也有幸結識稀尹姐的堂哥——Tino哥，他是海內外知名生技集團總經理。

幾經相識交流後，也開啟一連串多醣體系列的烘焙產品，最著名的就是獲得台灣30大魅力商品，以及網路票選冠軍的「微醺馬卡龍」。

不管在產品研發或事業發展上，Tino哥更是我的貴人，多次助我開創多項事業版圖，關於利他，我相信讀者們更能在書中了解到Tino哥是如何一位無私助人的成功企業家。

這次很榮幸能為稀尹姐新書《我的人生不卡卡：利他而後成就自我的日常練習》寫序，如果您是行家，一定會看到書中的關鍵字——利他。

利他，是在我進入社會大學後，發現每一位成功且受尊敬的人，必須具備的素養，與其說是具備，不如說是修煉，利他是我們一輩子都在修煉的一件事，稀尹姐更是身體力行，將其一生利他的故事詳述其中。

謝謝稀尹姐以開放的心胸，與讀者分享個人的「利他哲學」，願世界變得更幸福美好。

【推薦序五】

導演一齣自己的人生佳劇

中華戲劇文化傳承發揚者　朱錦榮

無論是否身無分文、親情遠離、朋友背叛，甚至婚姻失敗導致病魔纏身，請大家停止抱怨，相信一切都是上天最好的安排。

信念的力量能創造出不平凡的人生，進而明白一切都是上天給的禮物，因為你將領悟生命中的禮物，所帶給你的生命價值。

愛語如陽光，將溫暖散播十方

「大哥，要不要一起喝下午茶？」大樓客廳裡，這句分享的起頭，開啟了我與稀尹的緣分。

當我們越聊越深的時候，心疼她的辛苦，佩服她的勇氣，我跟她說：「責任越大，磨練越深，奇蹟的抗癌成功，要相信一定會渡過所有的難關，而妳的願力會讓一切成真！」

她緩緩說出想把故事拍成電影，來影響幫助更多人的願望，我聽了很感動，相信她一定可以做得到，當癌症末期老天不收妳時，必有妳的使命，有妳存在的價值。

稀尹讓我佩服的是，她居然已是三本書的暢銷作家，排行榜上有名，我想她的生命如同她的名字——稀尹（吸引），總在水裡來、火裡去的關卡中吸引到貴人，讓她關關難過關關過，因為她的韌性，她的正能量，她的勇敢，她的信念與堅持……。

稀尹經歷的人生絕非順遂，相信很多人都有類似的經驗，她常說自己不是最慘的那一個，但是她是最願意的那一位，勇敢地揭露過去的遭遇，衷心地希望，這三本書的出版可以鼓勵更多人，不要放棄自己！

人生如戲，戲如人生，每個人都能為自己導演一齣人生佳劇。

真心祝福，慈心如花香，將歡喜傳送他人，愛語如陽光，將溫暖散播十方！稀尹真是一個名副其實的生命導覽員，她的書當然也是一本最佳的人生導覽圖。

【推薦序六】

從生命低谷頑強復甦，在迷路之中找尋方向

時空行者影業（廈門）有限公司
製片人　王　剛
導演　王偉明

生命的意義，也許只有經歷過生死邊緣的人，才能感悟透徹。

翻開蔡稀尹老師《我的14封遺書與13場神遇》，或許當初所有的委屈與迷茫，在那一刻，蔡稀尹老師都通過自己的文字釋放出來。

內心強大，無懼任何挑戰

記得二〇一九年秋，當我們第一次從蔡稀尹老師的手中接過《我的14封遺書與13場神遇》這本書時，我們就被它的名字所吸引，想著我們面前是一個怎樣的女人，她經歷了怎樣的坎坷命運，有著我們常人不曾經歷的哪些故事，帶著這樣的疑問，我們連夜把這本書讀完。

當我們再一次和蔡稀尹老師相見交談時，深切感受到她不吝分享悲傷過往，只為將愛延續。

上天再給她一次生命，或許讓她比平常人更加明白生活與生命之間的深徹內涵，對

於生命之重的感悟，成了她堅持下去的動力，這也是她找到我們，想把這本書改編成系列微電影的最大初衷。

「我的14封遺書」從前期溝通、創意策劃，再到拍攝演出，蔡稀尹老師全程傾力參與。

在多次的接觸、溝通、交流過程中，可以發現蔡稀尹老師是一位非常願意嘗試和挑戰自我的人，從最初挑戰病魔，到後來挑戰寫書，再到如今挑戰電影創作，每一步跨越都是全新領域，她都以最真實的情感和強大的內心，對待全新的挑戰。

人生不卡卡，呈現華麗人生篇章

今天，我們有幸能為蔡稀尹老師的新書《我的人生不卡卡：利他而後成就自我的日常練習》作序，相信這將是蔡稀尹老師又一部里程碑意義的著作。

從蔡稀尹老師的《我的14封遺書與13場神遇》到《迷路回家》，再到《我的人生不卡卡》三部曲，完美詮釋她的心路歷程，呈現出一部華麗的人生篇章。

從生命低谷頑強復甦，在迷路之中找尋方向，再到今天用自己的經歷來幫助別人，蔡稀尹老師一路的蛻變和成長，充滿無數的感人故事和勵志傳奇。

相信，當她再次手捧《我的人生不卡卡》時，表情亦是當初我們第一次見到她的那般淡定，內心也亦是那般的從容。這一刻，相信她寫出了莎士比亞的慷慨，也寫出了自己的人生。

真心期待蔡稀尹老師的新書，相信廣大讀者也能從書籍中收穫更多。

【自序】

從「迷路」到「為人指路」——踏上我的講師之路

昫，煦日初升，照亮每個白天，無私為每個人帶來溫暖，點燃前路，見證奇蹟。

我願，化身「昫昫」的陽光，徐徐綻放溫熱……。

一場跨海邀約，為愛得以重生

「請問，您是作家蔡稀尹嗎？」臉書傳來一則留言。

「我是，請問您是……？」我有些遲疑地回覆。

出版《迷路回家》之後，有一天突然收到《中華好媽媽》節目企劃部的訊息，因為讀完我的作品，深受感動，希望邀請上節目分享生命歷程。

當時，心想這又是哪門子的詐騙手法，本來沒有多加理會，但持續地聯繫，同時釋放出相關的訊息，讓我覺得好像真有那麼一回事。

「稀尹小姐，我們真心想請您來節目，相信您的故事能帶來正面的力量，請給我們一個機會！」後來，製作單位還親自打電話過來。

「我不是一定要曝光……，而且我不會表演啊！」看著傳送過來的簡介資料：「每個媽媽都是有故事的人，不僅身懷絕技，還將在舞台上實現自己的夢想。」彷彿打中我的心聲，眼眶泛起了淚光。

「您可以請經紀人來跟我們談通告費，沒問題的……。」對方說。

「感謝您們的看重和信任，為我帶來極大的鼓舞！」本想婉拒的態度也逐漸軟化下來：「如果我的故事真的可以幫助人，可以不收酬勞，這筆費用回捐給製作單位，用來找尋更多需要這些舞台的媽媽，繼續傳送幸福。」

於是，就這樣上了節目，第一次登台便從「迷路」說到「回家」，完整袒露單親媽媽的心情轉折，由於回響熱烈，製作方特地安排再度前往，獲頒一座「為愛重生」的殊榮，證明自己活過，沒有白白辜負人生這條路。

生命故事，正式開麥拉——

「稀尹老師，我太佩服您了……。」握著眼前這位女孩的手，發現竟長滿了繭，湧上了強烈的不捨。

「不要怕，我都能做到了，妳一定也可以，加油！」心疼著每一個受苦的靈魂，希望這份信念為他們帶來勇氣。

回首前半生，我的生命過程猶如劇情跌宕的八點檔，該碰的，都碰到了，連癌末病房都成了最凶險的場景，下了節目，現場觀眾眼眶含淚地一湧而來，透過我的「獻聲」說法，似乎明白了，他們的身體最起碼都比我健康，還有什麼不能做得到的事呢？

這場美麗的邀約，體會到舞台的魔幻時刻，也是從這個階段開始，願意不怕辛苦地往講師這條路邁進，下定決心訓練口條，以便發揮更大的影響力。

內心不禁思索著，若可以把生命歷程拍成電影，藉由影像勢必傳播得更廣更遠，只要某個人因為一句台詞，或是電影裡頭的一段情節，受到觸動，產生同感共鳴，進而轉變了心念，這一切就都值得了。

寫書、演說、拍電影，成了接下來要繼續超越的夢想。

然而，那段處在沉潛、學習、等待的階段，一度受到冷嘲熱諷，親戚朋友都不看好我的「白日夢」，紛紛勸說我應該找份穩定的工作，才不會讓媽媽擔心、女兒下餐飯沒有著落。

但我從不放棄，因緣巧合之下，透過《迷路回家》出版效應，外圖傳播的陳總經理碰巧讀見我的故事，這份紮實的感動，讓他特地幫我送審作品，並邀請列席參與「海峽兩岸圖書交流大會」的簽書與分享，造成另一波轟動。

活動現場盛況空前，站上舞台的我，侃侃而談一路的故事，並且透過「化身無懼的美人魚」、「種下當下的種子，收穫幸福」的冥想遊戲，觸動聽眾的內在，好多人為此真情流露。

神奇的事來了，原來夢想會拉著夢想，成就將牽動下一個成就，一趟廈門之行，輾轉啟動電影夢，人生故事開麥拉，不久後，微電影正式展開拍攝，「迷路回家」電影也有金牌製片、知名編劇傾力打造，進入籌備階段。

昫日東升，越過卡關人生

「如果你有一塊地，你會種下什麼？」

每個人的心中都有一畝田，可以種出很多東西，但自己有沒有想過，打算種下什麼？結出什麼？

而我的答案是，當下。

這是冥想活動的其中一段，也是一種跨越障礙，帶領自己走向成功的正向思考力，我把它稱為「奇蹟如昫的日常練習」，生活中充滿著不平凡的力量，可以讓自己發光，衝破內在的迷茫，隨著日光的照引，找到昂首前行的專注方向。

「面對低潮，不要放棄希望，昫日都在前方，只要撐下去，勇敢地前進，就會迎來希望的曙光……。」展開了巡迴公益演講，也到訪監獄，近距離與更生人分享生命故事，聆聽者給予的反饋，告訴我，他們因此有了翻轉命運的動力。

正因卡關只是一時，挺過來，走下去，陽光會再次升起，黑暗遠去，一切就會豁然開朗。

此時，我也發現愛的延續與夢想的超越，激勵我成為一位傳遞正能量的奇蹟講者。

利他，而後成就自我

每一個過程都是老天爺給的禮物，走過坎坷磨難的每一站，被欺騙、受背叛、遭遺棄，只要不放棄，最後就能重現光明，找回自信和勇氣。

後來，我驚覺沉溺於悲痛、經常想不開，無形中已經對身體細胞造成傷害，甚至危害到健康，有沒有想過，傷害自己的人，原來都是自己？

因此，我倡導「利他而後成就自己」，這個「他」指的就是細胞，因此，「利他」，就是「利細胞」，自己當然會變好。

當自己變好了，就能更有能量幫助別人。

只要每個人都能愉快地做自己，還能夠讓身旁的人感到幸福愉悅，當雙方都擁有一段舒服的關係，自然會彼此靠攏，互成對方的貴人。大家一起變好，形成共榮共生的漣漪效應。

「我的第三本書可能快要問世了！」我開心地和台下群眾宣布，隨即引來熱烈的歡呼。

「好期待」、「太棒了，老師」、「我要先預購一百本！」這份無形的鼓勵，督促我每一步都要更加穩固紮實，一步一腳印，才不會馬前失蹄，亂了方寸。

這本最新著作，記錄著邁向講師之路的過程，從準備到實際驗收，隨著日以繼夜的磨練，瞧我怎麼在商戰攻防中完成談判，成功晉級，看我如何透過十萬次練習，拿到發言權，成就NO.1的演說，贏得掌聲，一路從「遺書小姐」、「迷路專家」，再到「不要臉女王」的完美變身，這些不可思議的情節，有待你一一品讀。

和風如「昫」，每天為自己而活

《三國志》有句話：「少蒙卵翼昫伏之恩」，大致的意思是，鳥卵在翅翼下受孵，孱弱幼時階段受到旁人的保護，感受到心頭暖暖之恩。

我很喜歡這個「昫」字，代表著陽光、晨曦、希望，因此之前成立公司時，就特地喚作「妍昫」，取其「陽光普照」的無私意涵，成就發心助人共榮的事業。

一路風風雨雨，回首來時路，感謝貴人的看顧與扶持，才能夠走到今天這一步，腦海中快速閃動的幻燈片，似乎看到了日光的意象，於是想用「昫」來貫穿本書，象徵走出黑暗，擁抱陽光，當和風徐來，大家都能得到美好的照拂。

我們每天都在扮演著不同的角色，身為人母、人父、人子，或是老闆、員工、斜槓一族，當我們在崗位上克盡職守，表現優良，就值得獲頒一座最佳演員獎。

不管今天被指派為什麼角色，好比一名清道夫或清潔工，全心投入，細細擦亮招牌，將成為該領域無可取代的那個人。

成功就藏在細節裡，當你願意蹲低身段，才有機會看到別人忽略的美景，借力使力，輕鬆跨過原本窒礙難行的瓶頸。

過好每一個今天，當明日的晌日初升，會發現原來活在每一個當下，即是奇蹟，傾聽內心的聲音，就能讓愛延續。

也許，目前的你正深陷生命的泥沼，覺得上天對不起你，給了難以承受的折磨和考驗，身邊也沒有一個可以求助的對象，別害怕，因為我也曾經走過一樣的難路。

期許透過我的生命演繹，引領閱讀本書的你，走過自我淬鍊的歷程，重新找回「為自己而活」的感動。

點亮前路，跨出框架，人生不卡卡，成功由自己定義！

Part 1

我的人生不辜負——

感謝每一次的鼻青臉腫

「打球不要有侷限，放膽打出去就對了！打出去之後，放下球桿，再重來。」道理意外地清晰，原來最簡單的才是最難。

我在高爾夫球場遇見人生導師，原來把球打好的關鍵，不是靠蠻力，而是要充滿彈性，才能在身心靈的拔河賽中，借力使力，突破重圍，脫穎而出。

每一次的全力以赴，每一次的鼻青臉腫，我相信我的人生終將不會辜負我。

01

一門高爾夫球課教我的事

夢想不能只是穩穩放在地上，唯有享受衝撞，
才能實現高飛的暢快！

打高爾夫球，原來是一場身心靈的訓練課？

過去的我，本以為高爾夫球是有錢人的純粹消遣，只要揮動桿子，把球打出去就好了，沒想到大錯特錯！打高爾夫球是一項需要非常專注的「活動」，沒錯，正是讓你重新領悟到「活」著的感「動」。

當你站在發球台上，心無旁騖地緊盯一顆球，在心球合一的當下，揮桿而出，成就感隨即迎面而來。

花六天，只為打出一顆球

咻——，一顆球趁勢飛升，彷彿子彈開道，一路所向披靡，在空中形成完美的拋物線，隨後完美落地，繼續往前滾動二十碼。

我用手抵著帽沿，眼前帥氣的背影，在日光折射下，顯得耀眼奪目，身旁跟著傳來一陣讚嘆聲。

鄭力齊大哥是高爾夫球的頂尖教練，曾教出無數優秀學生的他，每次下場打球總能引起關注，正所謂「強將手下無弱兵」，既然他願意「破例」指導，我理當不能長他人志氣，滅自己威風。

「打球，哪有那麼難！」當時心想，只要看著球，就能夠輕易地打出去，一點都不難啊。走上練習場，揮動球桿，竟然好幾次都碰不到球，就算「擦」到了邊，也飛不起來，頂多滾上幾圈就打住，一點都沒有威風的感覺。

「高爾夫球，原來一點都不簡單！」挫敗感突然湧了上來，但不服輸的我，當然不可以就這麼輕易被打敗。此後每一天，督促自己準時到球場報到，如同一名挑戰賽中的實習生，站穩腳步，不停嘗試，不停落空，跟著教練的指示，再次調整姿勢，下場後整隻手臂幾乎沒有知覺，腰部有隱隱然的痠痛，但為了打好一顆球，這些苦算不了什麼。

高爾夫球竟是一項非常「費力」的活動，才打了三顆球，已經滿身大汗，一路下來，吃了數不清的閉門球，終於到了第六天，某次試著放鬆筋骨，集中意識，揮桿，實實在在地觸擊到了球體，這才真正打出屬於我的第一桿，成功晉級。

高爾夫球場上的人生導師

那份感動是真的，原來紮紮實實打在一顆球上，竟如此震撼著我！

鄭大哥在旁邊看著我激動的模樣，不只包容我的幼稚，更不吝嗇地為我拍手。「感覺怎麼樣？」他問我。

「很爽！」真的就是一個「爽」字。

「有沒有發現，當妳打出這一顆球的時候，就超越了原來的想法，因為一開始可能覺得只能打出五十碼，可是妳現在已經超越了五十碼，這個跟妳所說的：『夢想是用來超越的』，有沒有一樣？」他說。

「這就是為什麼我會帶妳來打球！」大哥語意深切地望著我。

聽到這句話，才知道這份用心良苦，再也忍不住的淚水，隨即傾瀉而出。

鄭大哥充滿睿智的語言，彷彿像是《深夜加油站遇見蘇格拉底》裡的智者，突然出現在我面前，藉由一場高爾夫球的課程，教會了我成功的道理。

我在高爾夫球場遇見人生導師，原來打好高爾夫球，不是靠蠻力，而是要充滿彈性，才能在身心靈的拔河賽中，借力使力，突破重圍，脫穎而出。

「打球不要有侷限，雖有一定規格，卻沒有原則，妳就打出去，放膽而專注，打出去之後，就放下，然後再重來。」他說的道理意外地清晰，原來最簡單的才是最難。

下一球，我一定要成功！

生命中，不也時常上演一場場打高爾夫球的過程？

走上發球台，首先要先留意姿勢的正確性，站姿影響握桿，球位影響桿面，打直手臂、踏穩腳步之後，將手臂與球桿一起往後帶引，重心向下，身體文風不動，接著以脊椎為中心，將肩膀左旋至下巴處，左手往右上方推出，形成一個上桿動作；接著將重心移向右腳，進入準備位置，以流暢的節奏揮桿，釋放手腕的力道，扭轉腰力，擊球，持續向左旋轉，送桿，身體迎向前方目標，最後以順勢動作，收桿。

從走上人生舞台開始，每個人的眼前風景如同一望無際的球場，可以天馬行空的想像，卻要腳踏實地、保持不偏不倚的路徑，從腳邊的一顆夢想慢慢醞釀起，找對方向，用對力量，投入全身的熱情與勇氣，才能夠迎面一擊，創造出屬於自己的生命弧線——可以是代表追求勝利的V字型，也可以是成熟豁達的遠見。

道理說起來容易，但做起來真的不簡單。儘管現在還不敢下球場，卻喜歡在練習場上揮桿的感受，當球飛出去的那一剎那，迎向而來的成就感會帶動你的夢想，好像什麼事都不再那麼困難了。

◆◆◇

好的開始，好的結束，不怕重來，無懼挑戰，這就是打高爾夫球教會我的重要一課。

◆◆◇

回到現實生活中，很多人都叫我要實際一點，安於現狀，不要再作夢了。我卻敢理直氣壯地說：「只有實現夢想要幹嘛呢？就只能停在這裡而已啊，我要的是超越夢想，突破夢想，在我還活著的時候，想多做一些自己想做的事情，讓人生了無遺憾。」

我認為，夢想是用來突破，不是用來達成的。如果只停留在打出球的喜悅，那麼就已經達成目標了，接下來呢？停下來嗎？還是繼續衝撞？

不打高空，我打禪

打高爾夫球可以是一種身心靈活動，一個打「球」的過程，打的也是「心」，足以讓人神清氣爽，精神百倍，身體也跟著活絡起來。

然而，當你球打不到的那種落寞感，卻會激發你更加地專注：「下一球，我一定要成功。」於是我們不打高空，打的正是禪，更是成功之道。

這就如同我所領悟到的真理：「若要如何，全憑自己！」一般我們做事情，發現自己在能力上可能做不到，那就算了吧，首先會否定自己，但是換個角度思考，以打高爾夫球的精神來重新詮釋，假設現在揮桿只能到達二十碼，能力表現有待加強，但此時的心態就會認為：「我下一顆球可不只這樣！」開始自我激勵，燃起雄心壯志，當然我也不間斷地努力練習著。

因此，打高爾夫球真是一門強激勵的學問，一球入魂，以高度的專注力，凝聚必勝之心。每打出一顆球，就像是一個定心丸，鼓勵並引發自己再打出更多的球。

當一個人有成就感的時候，想做的事情就會成功，想法更是宏觀通透。

鄭大哥也笑著說：「打高爾夫球的當下，就跟打禪一樣，什麼都不能想，此時此刻，唯有這顆球，妳要想的就是怎麼把它打出去？」如同做每一件事情一樣，透過觀察，採取正確的方式，然後展開行動。也因如此，我開始喜歡上這項運動，磨練半年多後，終於可以下球場了。

綠油油的球場十分遼闊，讓人的身心跟著開闊起來，身處其中，把自己當成了一顆球，原來我也是夢想的一部分。當我揮桿進洞，似乎也離夢想更近一步。

當我走出球場，卸下裝備，重新回到現實層面的時候，可以帶著滿滿充沛的能量，更有力量面對所有的一切。

◆◆◇

人生就像打高爾夫，揮桿的瞬間，把煩惱、枷鎖通通都敲開，突然間無比清醒，許多事瞬間想開了，看開了，然後放開了。

◆◆◇

放下了包袱，才發現輕盈的自己，原來可以走得更長、更遠。難怪有人說，運動有助於幫助自己達到成功，真的是如此，每當揮擊出一顆小白球，內心的自我便不斷地往前遞進，實踐了「夢想是用來超越」這句話。

通往成功的球場，我已經站在上面了。你也一起來吧！

奇蹟如昫・練習一

高爾夫球的揮桿出擊

現在，請站起來，走到一處雙手可以擺動、沒有阻礙的地方。

然後想像自己正站在發球台上，你是一名高爾夫球好手，腳前已經放著一顆小白球。

這顆球可能是你的「願望」：成功、財富、房子、受人尊重……，專注當下，站穩腳步，眼光向前。瞄準後，用力一擊——。遠方一望無際的藍天，上面有一顆不斷高飛的球。

「若要如何，全憑自己！」第一球已經打出去了，接下來第二球，你將可以打得更高更遠。

02

想釣魚，就搭電梯？

婚姻，是以愛為名的考驗；
兒女，則是考驗愛的定力。

在我年輕的時候，有一段匆促結合的婚姻，由於自小得不到家庭的溫暖，一再地搬家，父母親無止盡的爭吵，最後走上離婚一途，我就像被拋棄的孩子，從此迷路，那種害怕被遺棄的心理，始終纏繞不去。

「家到底是什麼樣子？」對於一個小女孩而言，彷彿是很難想像的事情。

成長路上有苦有樂，為了怕別人欺負，也為了生活開銷，過早進入了社會大學，不得不學著強悍起來，內心卻依然渴望被當成一個寶貝，那樣呵護著⋯⋯。

爭取扶養權，狀告親父

過去那些所缺席的愛，始終是我心頭上的遺憾。

因此，在工作場合上，遇到了一個對我還不錯的男人，以為這份缺口可以被填補起來，卻一頭栽入了婚姻的噩夢。

當時的我，並不懂愛，也不懂得如何經營夫妻關係，兩個人靠近了，心卻沒有在一起，最後走向了決裂之路。我，成了一名單親媽媽。

但是我想到，我的童年裡沒有快樂，因此我不願女兒再次重蹈覆轍。

離婚時，我極力想要爭取貝樂，那時候貝樂還很小，一定非常需要媽媽在身邊，然而我不懂法律，身上也沒有錢，但貝樂的爸爸有錢有勢，我憑什麼「若要如何，全憑自己」？

回到最殘酷的現實面，沒有錢，要拿什麼來養女兒？我沒錢，哪請得起律師呢？真的是什麼都做不了嗎？不，我告訴自己，路是人轉出來的，沒有過不了的山，只看你夠不夠堅定而已。

後來，我想到了一個方法，按捺顫抖的雙手，篤定地走進律師事務所。

「請問，你可以告訴我，打這個官司需要多少錢？我需要我女兒，我沒有她，活不下去。」我真誠地告訴律師，當時處於一個生病治療中的狀態，沒有一絲籌碼。

「蔡小姐，妳這個案件需要委託者，若真要打起官司的話，加上後面幾次的開庭，對妳而言會是筆不小的負擔……。」律師語氣略帶保留地回應。

「我知道……，今天，我不是不付錢，只是現在需要女兒在身邊，我才能活得下去……，我必須告贏我先生，你能幫我嗎？你當一名律師，不也希望可以幫助很多人，是不是？」我動之以情，希望他能夠看見我的盼望。

「如果今天，你能幫我的話，以後我會做好每件事，不會讓你覺得幫了這件事情之後，我就忘了你，等我賺了錢，一定會還給你！未來，也會好好照顧我的女兒，請你相信我……。」

那時候，理智和情感在不斷拔河，一方面我必須平心靜氣，不讓自己失控，一方面要有條理地訴諸我的需求，讓律師願意相信，並且幫助我。

◆◆◇

我相信沒有幾個人願意拉下這個臉，去做這樣的事情，但是我拉下來了，因為我需要、我必須要、我夠想要，但是有幾個人敢這麼做呢？

◆◆◇

從踏入事務所大門開始，再到走上法院訴訟台，面對剛正不阿的法官，誠實答辯、據理力爭，不知道哪來的勇氣，我只是認為不管做什麼事情、想要什麼東西，唯有「若要如何，全憑自己」！

為了養女兒，走上創業路

現實狀況裡也有一些人，遇到事情光是依靠別人的幫助，陷溺在——「我沒有錢，所以我不能做……」、「你不能幫我，我沒有辦法繼續下去……」、「這個我不會，那個我不會，這個我也沒有學過……」類似的坑洞裡，不願意試著自己爬起來。

反觀自己，我也沒有上過寫作課，卻也寫出了暢銷書，如今第三本書也即將完成了，正是「若要如何，全憑自己」的最好寫照，不是嗎？

有沒有人認真地去省思過這件事情？就像最後我把女兒順利帶回來了，其他人不免訝異，怎麼辦到的呢？她的生父竟然會放手？妳怎麼有錢養女兒？儘管如此，我就是做到了。

既然決定要靠自己的力量養活女兒，學雜費、生活費，還有住在一起的房租、三餐等，通通等著我用錢來擺平，但眼下臨時實在籌措不出那麼多費用，於是我再次拉下臉，到了大堂哥的公司向他借錢，他不肯借我，卻給了我一堆產品。

「大哥，可不可以向你周轉一下……？」第一次向人開口，再多難堪也要硬著頭皮。

「妳去把這些賣掉，就有錢了！」堂哥冷靜地看著我。

這個「要魚給竿」歷程在《迷路回家》有完整的描述，感謝堂哥的循循善誘，不只給我魚餌、魚竿，甚至在背後推了我一把，在茫茫的人海裡有了定錨。

我就是這樣子養活女兒，不怕拒絕，見人就介紹產品，即使已經被拒絕了無數次，咒罵、甩門，更懷疑是詐騙集團的手段，仍然無懼前行，正因為我需要賺錢——養我女兒。

後來，一位好朋友的媽媽，她跟我說：「我看妳非常熱心善良，我決定試試看妳的產品！」終於開啟了我的銷售之路，更成為妍晌生技有限公司的負責人。

給我一個共乘電梯的時間

回到當時，一直被人拒絕，心裡難免傷痕累累，但我還是一直保持正向的心態，也因為我愛我女兒，為了她，所以願意去嘗試、去衝撞，就算被拒絕千百次，我相信總會有一次成功的機會。

「阿姨，我需要賺錢，妳給我五分鐘好不好？」記得有一天，正在搭電梯回家的時候，一位阿姨剛好在咳嗽，我轉頭對她說。

「我不需要。」她雙眼望著我，一副充滿戒備的神情。

然後她的樓層到了，準備出電梯，我也一併跟著出去。

「妳要幹嘛？」她看著我跟著一起出去，便把身邊包包拉緊，對我說。

「阿姨，我真的不是壞人，妳給我五分鐘的時間，讓我講幾句話就好！」

那名阿姨就冷冷地看著我，非常不耐煩地說：「好啦好啦，妳要講什麼，妳趕快講……。」

「阿姨，我要養女兒，我是一名癌症病患，我使用的這個東西對身體很好，希望妳能給我一個養女兒的機會，因為剛剛看妳在咳嗽，想請妳試試看，如果一個禮拜內，妳覺得對妳沒有幫助，我可以把錢還給妳，妳再把東西還給我。」

阿姨似乎聽到了某些關鍵字，動了惻隱之心，一改稍早的防衛和冷漠，溫暖地看著我說：「進來坐吧，進來坐吧！」

或許是我的堅持跟誠意打動了她，不也同樣呼應我所講的：「若要如何，真的都是全憑自己！」

◆◆◇

不要為自己的失敗找藉口，而要為自己的成功找機會。依賴別人，只會讓自己原地踏步。

◆◆◇

不會，沒有關係，我們可以學，完全取決在於——想不想去做？是不是真的很想要？如果你真的想做、真的想要，就會全憑自己，把自己完全地豁出去。

黑木耳汁，口碑相傳的事業

我常在想，若是有如此勇敢的決心，任何事業沒有不成功的吧！

再舉自己身邊的例子，像我媽媽，她會耗費大半天就為了煮一鍋好喝的黑木耳汁，不只養生，還非常美味可口。

「媽，妳想不想創業？」我突然靈機一動，然後指指那鍋閃閃發亮的黑色黃金。

「不好吧，那會有人想吃嗎？」媽媽眼神狐疑地看著我。

「妳要對自己有信心啊！」我繼續說：「我們可以像以前送羊奶的方式，先找幾個好朋友合訂，一次訂三個月，一個禮拜送一次，僅收取兩千七百塊合理價，這樣的話，扣除成本還能有一點點盈餘。」

「聽起來好像還不錯喔！」媽媽慢慢重拾信心。

「嗯，我們是良心事業，媽媽牌純手工健康飲品，絕不添加人工香料和防腐劑，讓你省時、省力又省錢，還額外掛保證，假如一個禮拜內，對方覺得不好喝，我們就把錢退還給人家！」

「可是……，我們什麼都沒有，沒有資金、沒有名單……。」

「我們可以找人家合作！」我馬上聯繫一位印刷廠的朋友：「你可以幫我印文宣嗎？如果有成，我們再來分帳……，好不好？」對方馬上一口答應。

媽媽突然閉上眼睛，陷入自己的想像中，這樣就對了，先在腦海畫上美好的藍圖。

我們就這樣子開始創業了。幾通電話，預購明細就開始排出來了，期待口碑慢慢發酵，這鍋黑金的變現之路，相信指日可待。

這就是我所說的：「若要如何，全憑自己。」一切都是行動力與企圖心的問題。

◆
◆
◇

如同「奇蹟如晌」，奇蹟就發生在每一天陽光升起的時刻，太陽底下從來沒有新鮮事，但奇蹟就蘊藏在其中，就在我們的生活日常，留給看得見它、懂得抓住它的人。

◆
◆
◇

再次問問自己：你夠不夠想要？是真的「想要」？還是「一定要」？

想要，只是停留在「想」的階段而已；一定要，就會促發自己付諸行動；我也「想要」中樂透，還是我「一定要」中樂透？這就是兩者最大的差別。

因為這個創業發想和經驗，奠定了往後投入生技產業時，可以更無畏、更勇敢。

最後，如果人生就像搭電梯，給你一個共乘的時間，你可以為自己的人生把握住什麼？

奇蹟如昫·練習二

搭電梯的出奇制勝

進入電梯，你是要往上？還是想往下？

一個短短不到數秒，最長可能幾分鐘的搭電梯時間，有沒有想過可能遇見什麼人、發生什麼事？這個人或許是生命中的貴人，若能好好把握難得的「同梯時間」，一個翻轉現況的契機，就此發生。

想像自己正處在一個狹小的空間裡，這場電梯情緣，該如何打破僵局？

面對著認識或不認識的人，每個人都想快速地抵達自己的樓層，除了簡單客套的點頭、微笑，再多似乎就沒有了，有人低頭滑手機，有人遠遠閃躲到一角落，有人卻自願扛起服務樓層的按鈕與開關門……，你通常是哪一種？什麼樣的行動，會在這短短時間內，在別人的心中留下美好的印象？就朝那個方向練習。

03

女兒也有都市傳說

希望只是希望，唯有無論如何，
才能真正突破所想，讓夢想手到擒來。

「媽咪希望有一天，我們可以買一間大房子，我跟妳一人養一隻喜歡的狗，我養黑色的，妳就養妳最愛的白色鬥牛犬！」我親暱地和女兒說，腦海中一邊浮現粉紅色泡泡。

「媽咪，我覺得沒有『希望』，要『無論如何』！」女兒嘟起嘴來，狀似生氣。

「為什麼沒有希望，人如果沒有希望，要怎麼活？」我一頭霧水。

「媽咪，妳想想，妳一直在『我希望、我希望、我希望……』，妳都希望幾年了？結果呢？一事無成，最後更被朋友害慘了，我們到現在也沒有養狗，更沒有房子，還要背負那麼大的債務，『希望』能有什麼用呢？所以要『無論如何』。」

女兒突然變成頭腦清明、充滿睿智的哲學家。

無論如何，不只是希望

「希望」只是停留在想像階段，就如同「現在感到口渴，希望能夠有一杯水」，還是「現在口很渴，無論如何一定要去倒一杯水來喝」？

當然是一定要去倒一杯水啊，這麼簡單的問題，真正的水，才可以解渴，為什麼要空有希望，沒有任何作為？

這裡再舉一個簡單易懂的例子，誰都希望中樂透，但是不去購買，不付諸行動，也就不可能中獎啊。一種是想像派，一種是行動派，我們卻常常停留在前一個「空思夢想」的階段！

很多人在日常生活中養成了「滿嘴希望」的壞習慣：「我好希望吃火鍋」、「我真希望有錢」、「我希望可以上榜」，卻不去想：「我無論如何都要吃火鍋」、「我無論如何一定要有錢」、「我無論如何都要上榜」，換個說法，氣勢是不是整個就不同了！

特別是每年的生日許願時——我希望……，我希望……，結果呢？許願蠟燭熄滅了，除了吃得滿嘴的奶油之外，再來的，也就沒有了。

從小到大，我都停留在我想要做的事情，都是「我希望可以怎麼樣」，從來沒有想過「無論如何，可以怎麼做」，是女兒點醒我，要如此思考，才有可能走向成功。

她常叛逆地對我大聲宣告：「無論如何，都不會被爸爸控制我的行動，放心好了！」她再次發表：「爸爸就留在希望他控制我好了，我無論如何都不會答應的。」每當她用這種獨特的陳述方式，都會使我燃起力量。

「無論如何，就去做了吧！」這是女兒點醒我的事。不要只是懷抱「希望」而已，唯有「無論如何」去做了，夢想才會真的實現。

「我希望可以成功，希望可以拍電影……。」這是我一直放在口頭上說的，卻還是留在原地踏步，一直停在「我希望」而已。直到有一天，女兒跟我說：「不要再希望了，我都要回去爸爸那邊了！」我這才想到「無論如何」。

於是，我告訴女兒：「媽咪不會再停留在想像世界的『希望』裡，就算我再怎麼不要臉、再怎麼被取笑，『無論如何』，我一定要把這件事情做好，而且媽咪『無論如何』一定是妳的驕傲，我不『希望』是妳的驕傲，而是『無論如何』是妳的驕傲。從現在開始，妳可以去告訴同學：『我媽咪是我的驕傲！』」

於是，我跨出了台灣，受邀來到了廈門，開啟新的契機，「我的14封遺書」微電影正式開拍，同時籌備改編自《迷路回家：生命為我拐了許多彎》的電影計劃。

美人魚，女兒的都市傳說

都說母親的基因會遺傳給小朋友，那麼貝樂喜愛編劇、說故事，富有表演慾的正能量少女，是不是也其來有自？

「媽咪，妳知道美人魚的故事嗎？」有一天，剛升上幼稚園中班的她突然問我。

「美人魚不是變成泡沫，然後死掉了嗎？」不假思索地回答。

「不，美人魚並沒有死！」

「這是什麼都市傳說啊？」當我感到一陣疑惑的時候，貝樂接著說了。

善良的人魚公主拯救了人類王子，為了再續前緣，和壞女巫作了交易，用美妙的歌聲換來了可以站立的雙腳，變成人類，來到了地球上，只為找尋自己的真愛。然而，最後王子打算和別的女人結婚，美人魚卻不願意將匕首刺進王子的心臟，重回到大海裡面的她，原以為就會因此死去，卻被善良巫婆所拯救。

「妳可以不用死，但妳要做五百萬件善事！」善良巫婆說。

「什麼，五百萬件？怎麼做得到呢？」美人魚問。

「別擔心，我教妳，妳可以發揮大愛精神啊！妳先去找一群小朋友，再讓這群小朋友找另外一群，各自去做一件善事，繼續將愛擴散出去，那樣很快地就會累積到五百萬件善事呀！」

故事的結尾，美人魚並沒有化成泡沫，而是快快樂樂地活在大海裡，繼續這份傳愛使命。

那時候，仍然對於「愛」這件事充滿強烈困惑，人生處在一個茫茫然的情況，好像被一層霧給罩住了。當我聽完貝樂的現代版美人魚故事，不禁對這名幼稚園小朋友刮目相看，既然傳說都可以重寫、經典影片也是每每被「重啟」，證明了生命劇本是掌握在自己手裡，人生有各種可能，就看自己有沒有勇氣顛覆。

關於我女兒的新都市傳說，仍在繼續流傳下去，而我也有了再次重啟的契機……。

女兒路重啟，成為彼此的驕傲

我跟女兒之間的關係非常微妙，儘管目前處於高一叛逆期，但還是很貼心的一個孩子，常常在我腦袋瓜不夠清楚的時候，替我上了一課，反過來成為我的人生導師。

如同「沒有希望，只有無論如何」這句至理名言，或是「美人魚」的故事翻轉，教會了我好多事情。

就在我正在寫書的過程，很多人告訴我：「妳出第三本書，就不要再寫自己的故事，可以寫寫別人的故事啊！」然而，我認為女兒確確實實教了我這些東西，如此微妙地轉化了生命，更啟發我的正能量，別人並沒有教會我這些東西！

與其寫其他虛構的故事，這些內容更是貼近真實的生活，相信更能啟迪人心。我的生命力量來自我的生活，互相的關懷、淺白家常的對話，讓人感受到愛其實不遠，就在你我之間。

因此，在我從事任何事的時候，「無論如何」成了自我意識的催眠。

曾有人說：「信念勝過一切！」但我發現「無論如何」比信念更為強而有力。因為信念只停留在意識的階段，僅佔冰山一角而已，潛意識則是水平面下隱而未顯的大部分，力量更勝過意識好幾萬倍。但是若沒有意識來支撐潛意識，思考將淪於架空局面，任何作為只是被推著向前或後退的制約反應。

意識好比種子，潛意識則是土壤，將好的種子放入健康的土壤中，用行動加以落實、愛護、培養，就能期待開出美麗的花。

這裡並不是要分享艱澀的心理學理論，關於「高我」、「小我」、「無我」……這些專有名詞實在太難了，我也搞不太清楚，但用簡單的話來說，總歸一句是「無論如何」，改變思考模式，就可以影響生命的發展。

舉個例子，我要喝這杯水，潛意識告訴我：「口渴了！」意識就會傳達到大腦——「無論如何我要喝水！」於是，我就去倒一杯水，付諸行動，自然能夠輕易達成目標。

有時候，成功不需要多大的道理，使用簡單易懂的方法，就能讓自己走往成功的道路上。

過去，也曾和別人分享其他比較理論的說法，但無論使出多少渾身解數，發現他們根本聽不懂，只覺得那些都是虛無飄渺的理論，什麼是「真我」、「高我」、「任性的內在小孩」？對於亟欲知道做法的實務派而言，總有些不切實際。

「無論如何」便是這段時間的人生體會，如果將「內在小孩」換成「心態」，是不是更容易了解？

使用淺顯易懂的話語，讓人家能夠明白，同時鼓舞並驅使別人付諸行動，進而達成目的，才是愛得以延續下去，最好的方式。

此時，女兒還在旁邊喃喃地說：「美人魚也是『若要如何，全憑自己』！她不想死，所以憑藉自己的力量，找到很多小朋友，然後幫她做很多很多的善事……。我們也要和她一樣，把自己過得更好，才能繼續把愛傳出去……。」

◆◆◇

我不把將就當成做事的態度，願意憑能力全力以赴，我相信，我的人生終將不會辜負我。

◆◆◇

曾經聽過有人這麼說，玩的時候不辜負風景，吃的時候不辜負美食，睡的時候不辜負床，愛的時候不辜負人，更重要的是，一個人的時候千萬不能辜負自己，何況如今，我還有一個寶貝女兒。

在這條重啟的女兒路上，我修補了以前種種不快樂的經歷，感謝那些跌跌撞撞、鼻青臉腫，造就現在的我，這段陪伴女兒成長的過程，圓滿了過往那個女孩失落的遺憾，她不再被遺棄、不再徬徨孤單。

我們，一起走往幸福路上。

奇蹟如晌・練習三

化身無懼的美人魚

想像自己是一隻美人魚，在大海中自在悠游。

現在先幻想一個感受：「你正在深海裡面！」背景可以搭配一些泡泡的聲音。

因為困在很深很深的大海裡，你一直游不上來，但奮力往上的求生慾望，讓你不斷地撥動雙手、踢甩雙腳，想要活著的感受變得無比熱切。

可是，沒有人帶你上岸，這時候美人魚出現了，她帶你上岸。

其實，我們都是彼此的美人魚，你是我的美人魚，你幫了我；我也是你的美人魚，我也會幫你。大家是彼此的美人魚，也是彼此的貴人。

現在，請你跟你左邊的人說：「你是我的美人魚！」請你跟你右邊的人說：「你是我的美人魚！」然後，開始互相把彼此帶上來。

現在，再深的大海都無法阻攔你游回海平面，以後也沒有任何困難能夠阻饒你邁向成功了！

04

心中有田，你就是行走的種子

練習獨處，你就是一塊地，
升起心念，播下種子，你就能收穫果實。

俗話說：「三人行，必有我師焉。」換成大白話來說，就是走在路上的每個人，必定有人可以當我的老師，學習優點、警惕缺點，並且自我改正。

或許有人會說，自己總是「一個人」，或是找不到「活生生」的人生導師給予開示，那也不是什麼自哀自憐的藉口，一個人並不丟臉，反而能夠發現「真正的自己」，不被受限，做自己想做的事情，此時書本可以做你最好的朋友。

然後，慢慢地，本來獨行的道路上，你會看到越來越多的同行者。

和尚不唸經，賣起鑽石亮晶晶

成長路上，經常是孤獨一個人，既然找不到別人說話，就索性找本書來讀讀吧！慢慢地養成了習慣，雖然不敢說自己看過多少書，但至少每一本都是真心誠意地在「交陪」。

不過，說起來很慚愧，出版《迷路回家》之前，每次看完一本書，就會把書燒掉！對，你沒看錯，這不是什麼儀式，而是那時的我認為那些書都沒有用處。

「這些東西，誰不知道啊？但是做到的有幾人？」不禁滿腹疑問，這些作者真的做得到嗎？寫出這些文章的人，真的知道自己在寫什麼嗎？舉個簡單的例子來說──「奇蹟」，有誰能告訴我「奇蹟」是什麼？諸如此類的想法，持續困惑著我。

我認為，如果自己沒有親身經歷過那些事情，是沒辦法說服別人的！所以我常常看書，也常常把書丟掉、燒掉、撕掉。所謂的斷捨離，不就是如此？

有一天，大堂哥找我去聽一堂演講，內容闡述修行者如何在商場中實踐佛法，藉由《金剛經》與商業的智慧連結，講者正是麥可．羅區格西（Geshe Michael Roach），一名精熟佛理的僧人，卻奉師命「下山」歷練，走上「經商」的修持，成功開創營業額一億美元的事業，聽起來的確有那麼一點不可思議。

不唸經的和尚，賣起亮晶晶的鑽石，沒想到更貼近人心，講師不凡的背景，讓台下群眾的雙眼變得比鑽石還明亮。

我是一塊地，我要種什麼？

他說，種子就是因，因就會帶來果。不是今天做一件事情就是種子，而是你為什麼做這件事情，才是最大的種子，也就是因。當你有能力開始不斷地覺察自己的起心動念，人生也將隨之不同。

當下，我並沒有仔細聆聽，只覺得他講的是佛經的概念，「一切有為法，如夢幻泡影，如露亦如電，應作如是觀」，這些就是「空」，講這些東西幹嘛呢？

一直到後來，我才自行領會到，原來這就是「種子學」。

◆◆◇

在越艱難的路上，升起心念，不去理會冷言冷語，毫不畏懼地往前走，慢慢地用雙腳雙手，把種子播下土地，當你走到終點，回頭望，這段歷程將成為最美的風景。

◆◆◇

「稀尹，如果妳有一塊地，妳想要種什麼？」演講結束後，大堂哥突然問我。

「我沒有地，如果有地，我會賣掉！」我直接了當地說，因為那時候我要養整個家庭，有地，當然是賣掉換錢最快啊。

「妳要拿什麼換錢？一塊地換一百萬，一塊地上面有種東西，換一百五十萬，妳要哪一個？那麼如果要換一百五十萬，妳又要種什麼？」他又接著問我。

記得我說了很多，我可以種水果、可以種芭樂、什麼什麼的，當時想的就是一塊地，卻沒有意會到他說的，並不是真的地！

◆◆◇

「如果我自己是一塊地，我要種什麼？」格局的不同，影響視野的寬闊或侷限。他所想，已經不是我所想。

◆◆◇

一個巨人展開他的肩膀，邀請我走上去，然而那時的我聽不懂，於是大堂哥送了我一本書《深夜加油站遇見蘇格拉底》，等到我看完之後，他不放棄地又問：「妳要種什麼？」這時，我有答案了。

種一顆「當下」的種子

「當下。」我篤定地回答。

種下了「當下」，就是我在做每一件事情的時候，感受周圍，並珍惜身邊所發生的每一件事情，我就是一塊土地，更是一畝田，這塊田地裡面，我可以播下好多種子，其中包括好與不好的成分。

如果你帶著怨恨、責怪的心情，在從事每份工作、度過每一分鐘，自然就把不好的意念灌溉在土地中；反之，就能將喜悅、豐足、幸福的念頭，深植在泥土裡面。兩者所栽種出的果實，自然不同。

我心中有一畝田，可以種出很多的東西，每一個人心中都有一畝田，你又想要種下什麼（因）？結出什麼（果）？在匆忙的社會裡，我們經常可以看到有人種下憤怒的種子，灌溉憤怒的養分，任由憤怒不斷茁壯長大，結果就永遠只有憤怒而已。

可是，我們為什麼要這樣呢？憤怒並不好吃啊！那麼大的一畝田，我也可以種出超越夢想的極限，那麼灌溉的原料就要不斷地「若要如何，全憑自己」，保持正念，努力不懈地前進。

我們都是種子，也是自己的農夫，每個人身上的這畝地要種出什麼東西來，完全取決於自己，這些都是可以透過練習而成就出來，我也是一再地跌倒，一再地練習而成。

透過大堂哥的循循善誘，以及持續閱讀的帶領之下，終於有力量爬上巨人的肩上，自己彷彿脫胎換骨，拉高了視野，過去感到懵懂難解的問題，如今都能輕易地頓悟，是該說開竅了嗎？還是一路辛勤播下的種子，撞破厚重的泥土，開始冒芽了？

◆◆◇

以出世的思想，做入世的事業，原來，只要心裡有田，每一個人都是行走的種子。

◆◆◇

如同我在打高爾夫球的時候，當下會屏除任何思慮，不受外界影響，眼前只有小白球，一心入魂，就是專注。或是現在與任何人分享我的生命歷程，我會非常享受當下的氛圍，投入其中，被別人的真誠打動，也被自己的認真所感動。

一場意外，姐妹情斷

當然，我並不是一開始就善待自己的田地。

關於這個轉變的契機，來自過去一位相當愛護我的姐姐。當時投身八大行業，身處是非不斷的工作環境，我就像一個誤闖叢林的小白兔，不懂規矩、不明分寸。

「她是我妹妹，妳有什麼事情直接找我。」小姐們每天上演勾心鬥角的戲碼，差點就無法全身而退，或是遇到客人三番兩次故意灌酒，這位姐姐二話不說跳下來替我解圍，難能可貴的姊妹情誼，讓我找到了歸屬感。

「妹妹，我們再工作兩年，就一起去日本，姐姐供妳念書，完成學業，然後我開咖啡廳，簡單地生活下去……。」那麼甜美溫暖的好夢，卻因為一場意外瞬間瓦解。

就在姐姐生日當天，我因為一點小事和她嘔氣，她原本想在租屋處等我一起切蛋糕，我卻遲遲不接電話，還刻意使性子不願回家。

「壞壞，妳現在過來！」壞壞是我當時的藝名，突然一通電話打來，對方語氣相當急迫。

「怎麼了嗎?」

「妳姐姐車禍,當場死亡……。」

「不可能,我才剛剛跟她通電話而已啊!」腦海中瞬間凝結。

我覺得朋友是在騙我,隨即飛奔到出事地點,我看到現場並不是我姐姐的車子,而是她男朋友的座車,下意識心想:「還好不是我姐姐!」結果白布掀開竟然就是她。

「姐姐……姐姐,妳趕快起來啊,不要開玩笑,好不好……?」她穿著我買的衣服,面無血色地躺在地上。

遺憾無法彌補,教我珍惜當下

一切是如此的不真實,最後不知道怎麼返回住處。

屋內空無一人,卻在我的房間外面看到一塊小蛋糕,桌上留有一張小卡片,寫著:「姐姐許的願望,就是我們的願望。姐姐永遠都很愛妳,我也不會容許有別人欺負妳,妳跟我生氣,姐姐不會跟妳計較,因為妳還小。但是不管怎麼樣,姐姐都會在。」

切完蛋糕,就匆促外出的她,沒想到赴的是一場死神的約會,生日變成了忌日。

突然想到，以後再也沒有姐姐了，沒有人可以撒嬌，沒有呵護，也沒有日本，再也沒有……。

「妹妹，我知道妳在生氣，沒有關係，姐姐切完蛋糕有許願，願望就是我們的心願一定會達成喔！」反覆看著手機上的簡訊，卻彷彿靈魂出竅一般，心痛到無法反應。

◆◆◇

這是第一次碰到生離死別，也是第一次痛到哭不出來，第一次真的覺得做錯了，而且再也無法挽回。

◆◆◇

原來這就是遺憾，然後才認知到「珍惜」是怎麼回事。

「珍惜當下」聽起來好像老生常談，卻是最實在的幸福。如果不懂得把握，摧毀了幸福的種子，是不是就沒有第二次機會了？

「如果那天沒跟她嘔氣，是不是就不會有遺憾？」直到現在，我的包包裡面還放著姐姐的照片，我也還在氣自己沒有陪她切蛋糕，不免在想，如果那一天我有回去，也許就不會發生這個意外？她也就能避開這一個死劫？一切都是未知數。

既然無法預知未來，所謂的禍福吉凶，嚴格說起來都是人為自造。因此，我現在都會告訴別人，做任何事情，千萬不要有遺憾。

「稀尹，如果妳有一塊地，妳想要種什麼？」現在，如果再有人問我，我會回答：「當下！」

◆◆◇

人，終究難逃生老病死的自然循環，但是在這個過程中，我們做了什麼，才是重點。

◆◆◇

我心中有一畝田，這畝田將不再有遺憾，種下每個「當下」的種子，讓每一刻都是圓滿。

奇蹟如昫·練習四

種下當下的種子，收穫幸福

假如你有一塊地，你會種下什麼？

想像自己就是一塊地，你是這塊地的主人，不只是農夫的角色，你的生命與這塊土地共生共榮，你的喜怒哀樂都將反映在這塊土地上。

你快樂，土地就會唱出歡喜的歌，放眼望去都是花樹與果實；你悲傷，土地就跟著頹喪，連小豆芽都長不出來；你憤怒，整塊地將乾裂成一片荒漠，還會冒出濃濃的黑煙與火焰……。

關於自己的這塊地，只有你能選擇種下什麼？該怎麼種？願不願意為它付出汗水？還是任憑雜草叢生？

從今往後，怎麼收穫，就怎麼栽，如果辛勤地耕耘之後，等到結出的稻穗和果實，這份令人滿足的喜悅，又想和什麼人分享？

Part 2

總裁高情商

為自己而活，才能讓別人靠攏

蔡康永說，所謂高情商，不是迎合別人，而是關注自己。

其實他說的，就是在人際相處中恰如其分地扮演自己，不只能夠愉快地做自己，還能夠讓身旁的人感到幸福愉悅，當雙方都擁有一段舒服的關係，自然會彼此靠攏，互成對方的貴人。

總裁不是人人當得起，但我們可以學習總裁的高情商，可以不再委屈求全，活出自己的驕傲和美麗，敬一個值得的人生！

05

利他，才能成就自己

過去回不去，未來還來不了，所能擁有的，永遠只有現在。

日本作家村上春樹用「小確幸」形容一種微小而確實的幸福，認為生活中少了它，人生只不過是乾巴巴的沙漠而已。

「小確幸」猶如行走沙漠中的一杯甘泉，光是想到這個詞，內心就會莫名充滿一股力量，如同每天一早醒過來，發現自己胸口的心跳，原來是種微弱卻篤定的幸福，叫知足。

利他，在沙漠開出一朵花？

「稀尹，妳知不知道什麼叫『利他』？」有一天，大堂哥突然心血來潮地問我。

「就是幫助別人啊！」我不假思索地回答。

「錯！『利他』的意思，並不是要妳幫助別人，而是幫助妳自己！」當他說了這句話，我有點愣住了。

「當妳自己都站不穩的時候，妳要如何幫助他人呢？」、「我幫助妳，所以我就能成就自己了嗎？」大堂哥習慣不把話說破，再度把問題丟了過來。

後來，我順著這些問句，繼續往下思考，突然之間理解了，幫助別人，原來說的是幫助自己。

人體是由細胞組成的結構，相對於「我」本身，這裡指的「他」可以是細胞，因此，「利他」，就是「利細胞」，自己當然會變好。

身體裡面大約有六十兆個細胞，因為這些細胞形塑出我們這個形體。當自己心情不佳，細胞會跟著委靡不振、悶悶不樂，自然影響到健康。因此，每當自己處於憂鬱低迷的時候，雖然這種情緒狀態不容易調整，但是一定要為自己設下停損點。

◆◆◇

互相傷害，本來就是損人不利己的事，於是，我們可以縮短「傷害時間」、減少「傷害程度」，本來要難過一個禮拜，現在縮短到三天就好，盡量對自己的細胞好一點。

◆◆◇

「有些人經常想不開，不知道無形中已經對細胞造成傷害，甚至危害到健康，有沒有想過，傷害自己的，原來都是自己？」

後來，我和大堂哥互相思考激盪，才發現情緒是最難開解，也很難撼動別人的情緒。我不禁想到了過去的自己，那段被傷痛困住的日子。

唯有先「利」這個「他」——內在細胞，不間斷地付出灌溉與滋養，外在形體才會長得好，當形體開始變好的時候，才有能量去幫助別人，就像參天大樹提供飛鳥遮蔭，飛鳥則為大樹解決害蟲，互相成就之下，細胞就會變得更加茁壯，自己也就越變越好，越有力量。

因為利他而後成就自己，才使得人生沙漠開出燦爛的花朵。

然而，人們一旦陷進情緒的漩渦，就很難聽得進這些話，一來不想聽，二來別人很難觸動自己的內在。

我問自己，有些過程真的非得自己走過一遭，才能夠有所體會？說好的善待自己，又有幾人做得到？所以要透過練習，把焦點放回自己的身上，直視問題的難處，這條路也許就能走得不那麼辛苦，你說是吧？

我值得被更好的對待，你也是……

二〇一〇年，我被醫生宣判罹患淋巴癌末期，開啟一段凝視死亡的過程，這段路走得異常艱辛，卻也讓我從中了解到，過去做了那麼多傷害自己的事。

「假如時間可以重來，我可以怎麼選擇？」這聽起來有點補償心理，過去回不去，未來還來不了，所能擁有的，永遠只有現在。因此，我選擇走出傷痛，跳脫綑綁自己的枷鎖。

◆◆◇

「既然都死過一次了，還有什麼好怕的呢？」這樣的心情使我脫胎換骨，重新活出美好的自己。因為相信，我值得被更好的對待，而你也是……。

◆◆◇

後來，我把這段人生劇變寫了下來，紀錄轉變與面對、放下和追尋的旅程，如何穿越層層迷霧，直視創痛，最後與傷害和解，也與自己和解，這一切的一切成了《迷路回家：生命為我拐了許多彎》這本書，於是有了後面美好的延續：

出書後，開始展開一系列公益演講，甚至超過千人的場次，努力傳遞「愛延續」的正能量，開始走上我的講師之路；

二〇一七年，跨海應邀前往河北衛視，參與《中華好媽媽》節目錄影，更因此榮獲「為愛重生」獎；

二〇一八年，創業路上不斷嘗試，同時努力沉潛，進修講師課程，為下一階段預作準備；

二〇一九年，受邀前往廈門外圖集團有限公司參加「海峽兩岸圖書交流大會」，現場分享作品和簽書；

二〇一九年起，「我的14封遺書」微電影展開拍攝；

二〇二〇年，「迷路回家」電影正式籌備、開鏡，以及更多即將到來的美好，未完待續……。

「蔡老師，您是怎麼走出來的？」

「稀尹，請告訴我，妳是如何抗癌成功的？」

「妳的前半生經歷這麼多苦難，有沒有曾經把妳擊倒？面對困境，我們又該如何重新站起來？」

每次站上分享的舞台，台下群眾都相當直接與熱情，往往使我受寵若驚。他們可能對於陌生的我，心裡頭有著許多疑問，或是本身也許碰上難解的問題，好像期待著能藉由一把鑰匙、一個按鈕，或是一劑潤滑，讓這個卡住的人生，繼續運轉下去。

不為難自己，人生不卡卡！

「老師，如果我走不過去，怎麼辦？」

我不是心理師，也沒有漂亮的學經歷背景，所能分享的，就是我的生命。

許多問題並沒有最好的答案，有時候只需要問問自己：「還想不想繼續走下去？」

如果回答是肯定的，就會生出力量去面對、去處理，於是就有了轉機。

我其實不是大家想像的那樣勇敢，只是比別人多了一些考驗。有些事，當下過不去，並沒有關係，不用過度為難自己，因為我也曾經活不下去……。

承認自己的軟弱，本來就不是一件容易的事！如果你做到了，我會替你拍拍手，星星也會在漆黑的夜裡，為你閃亮。

◆◆◇

回家這條路「拐了許多彎」，走得比較崎嶇，一連跌了好幾跤，卻見到更特別的風景，我的人生因此跟別人有些不同！如今，我還能夠活著站在這裡，就是一種奇蹟。

◆◆◇

你相信嗎？我也曾經懷疑過人生，為什麼老是被卡住，好像上天要把唯一的門給封死，不留任何活路……，就在走投無路的當下，最後因為「利他」這把鑰匙，開啟了另一扇大門，接住了我，使我知道把自己照顧好這件事，比起任何其他事情都來得更重要！

原來，過不去的路，是自己不願意轉過身來；為難自己的，不是別人，而是自己。因為罹癌歷程，朋友們會輾轉介紹癌症病患給我認識，希望可以現身說法，帶給他們走下去的力量。

罹癌的人常常覺得萬念俱灰，以為距離死期不遠了，對於未來不再有任何期待，於是乎變得異常消極，日子只剩下蒼白和黑暗。

「不！不是這樣的！你還可以有其他選擇，我希望你對自己好一點。」

當時，剛好是藥用真菌活性多醣體產品的創業初期，我懷抱著分享的態度，完全無所求地前往，告訴自己：「把自己照顧好，站在對方面前，讓他感受到一股陽光正面的力量，此行目的就達到了！」

「你可以嘗試和細胞說說話……。」當我說出口，對方竟一臉訝異地看著我。

「沒錯，你要學習讚美身邊的事物，從每天早上醒來那一刻開始，喝了第一口水，我會讚美這只杯子非常實用又漂亮，謝謝製造杯子的人，一路再讚美到自己的細胞！」

我把「利他」的概念導進來。

唯有身體細胞這個「他」呈現健康的狀態，我的形體、我的氣色才會跟著轉變，慢慢地臉蛋開始紅潤起來了。

經過科學證實，不僅打哈欠會被傳染，情緒也是會受到感染的，在正能量的投注之下，我們會變得充滿力量，原本的蒼白與黑暗也將隨之被繽紛的色彩所取代，你會驚訝於這一切的改變，其實很簡單。

幾次之後，這些癌友開始改變心態，紛紛表達希望也能幫助別人的想法。

「太好了！等到以後大家的狀況都非常穩定，我們可以一起到醫院當志工。」

快樂具有影響力，同時形成漣漪效應，把「利他」這件事發揚光大，同時把「成就自己」給真正落實。

這份無私的分享，除了為他們找回生命的價值，同時也為我帶來一群忠實讀者與客戶，果然是「利他而後成就自己」的最好例證。

三口幸福，因利他而人人幸福

關於利他的幸福故事，當然不能少了它！

我的朋友凱城，是金蕎糕餅店的年輕老闆，他哥哥大毛也是家族企業的一員，店內招牌是黃金帝王酥，多層次的口感，蛋香濃郁，讓人一吃就成為老主顧。

一次閒聊，我對凱城說：「我想拍微電影，你要不要投資我？」

「好，我投資妳十萬塊！」他二話不說便答應，這份信任讓我好感動。

隔天，我的戶頭就匯入十萬塊，他哥哥也同意加碼投資。

可是，後來因為誤信朋友，導致經商失利，我必須先解決眼前的難題，拍片的事只好暫且擱下。

我告訴大毛和凱城：「對不起，我要把你們投資的錢先拿去周轉，暫時沒有辦法拍電影了！」

「我被朋友騙了，因此需要先挪用這筆錢，但是我願意面對，現在可以開借據給你們，然後慢慢地還錢，這是我現在唯一可以做的事情！」

他倆靜靜地聽我說完，眼神異常堅定地看著我。

「稀尹姐，我們信任妳，我們可以繼續投資妳！先挪用都沒有問題，我們絕對相信妳！」

面對這份無以回報的信任，只有盡一切的努力，因為對他們的承諾，無論如何都要把微電影拍出來。

內心無時無刻掛懷著這份感激，有一天突然想到，大堂哥曾說想要將生技結合烘焙，恰巧凱城也想要自創品牌，同時提升家族事業，希望透過不同結合碰撞出新的火花，也許可以將凱城介紹給堂哥，也許可以促成一次美好的合作。

後來，凱城創立了「三口幸福」品牌，藥用真菌活性多醣體的麵包、千層牛軋糖就陸續飄香出爐了，我也樂得品嘗這份健康又美味的獨家產品，更身兼口碑推廣達人，逢人就說好。

真心不騙，吃一口就知道。麵包好吃的秘訣，原來幸福就包裹在裡面。

這個小故事，一開始兩兄弟出於信任，願意挺身幫助我，是「利他」，後來透過我的介紹認識了大堂哥，得以觸發後面一連串的合作，不就是「成就他們自己」嗎？剛好是我說的：「利他，才能成就自己！」

◆◆◇

這些生命中的美好經歷，因利他的信念發芽茁壯，同時開花結果，就像是微小而真切的小確幸，妝點著我的人生前路，幸福原來俯拾即是，如同每天早起，發現自己胸口的心跳，那麼篤定而堅信著。

◆◆◇

「你的幸福，是由自己掙來的！」這就是故事的答案。

奇蹟如晑・練習五

讚美細胞，從「心」開始！

細胞是你的另一個自己，幫助「他」，等於幫助自己！

透過讚美身體細胞，遠離外在塵囂，停止內在紊亂思維，幫腦袋重新舒活，讓心沉澱，然後再次開機。

想像你的面前有一杯水，練習讚美它，水的形態、水的純粹、水的甘甜；再到杯子的外觀，設計、弧度、顏色、實用性；當你徐徐喝下一口水的時候，順著喉嚨、食道、心、肺、大小腸，一路流進了體內。

此時，感謝身體帶給我們的感受，感謝各個器官藉此汲取的水分，同時滋潤了成千上萬個細胞。

此刻，你的身體受到滋潤而重新甦醒過來，感受到清爽沁涼的暢快，因為一杯水，使你體驗到前所未有的感動。

06

方向錯誤，請喊卡！

發現錯誤的當下，就喊卡，
無論如何先道歉，才能避免誤會的擴大。

俗話說：「扯謊容易，圓謊難！」

謊言一旦脫口而出，就像拉起衣服的線頭，後面就會帶出一長串理不清的牽扯。一個謊接著更多的謊言，如此惡性循環，不僅要害怕可能露出破綻、被人揭穿的一天，還得膽戰心驚，讓不敢面對的軟弱，時時刻刻消磨自己的心志。

開錯路，調頭就好！

生活總是千奇百怪，而且見怪不怪，因此有人會說，扯謊是萬不得已的下下策，但面臨緊要關頭依然不說謊，卻是自己的選擇。

如今，既然說了謊，就要勇於認錯，踩下煞車，讓傷害降到最低。

如同開車一樣，對於一個路痴來說，每條路看起來似乎都大同小異，一不留神就走到岔路，或是誤信導航，把車開進死胡同，這時候，不是找藉口為自己開罪，而是趕快調頭，轉換方向。

我們常常陷在沉重的錯誤中，不願意面對，因此醞釀出後面更大的災禍。

就拿做人處事來說，很多人即便做錯了事情，卻寧願繼續錯下去，就像說了一個謊，要用十個謊來圓，不知不覺越陷越深。

人，往往不會因為說了一個謊就嘎然而止，這是我親身的體驗。以前我的工作就是靠說謊、欺騙感情來討生活，踏入八大行業的第一天，經理耳提面命對我說：「燈火酒綠的歡場千萬不能掏真心，否則只會讓自己人財兩失。」

後來，漸漸發覺說了一個謊，就要用十個謊去掩蓋，有時候不小心忘記和上一位客人講過什麼，再次提到相同的話題，當場被揭穿，只好繼續打迷糊仗。

每天需要不斷地想著對誰說了什麼、對誰不能說什麼，讓自己異常疲憊。假使今天是一名業務員，為了達到成交而說謊，騙得了第一次、第二次，往後就成了拒絕往來戶。

「想不想參加一個免費的聚會？」有些傳直銷行業的業務員會以這樣的話題開場，

因為期望不同，就容易引爆爭議，如果對方一開始就擺明說出來：「我是傳直銷，你願不願意聽看看我們的制度，同時讓你有額外的收入？」開門見山，有市場就會有需求，兩不相瞞，同樣的結果，卻有美好的收場。

一般人會因親情、愛情和工作問題，而選擇謊言，漸漸地，就習慣用謊言包裝自己的真心，眼看紙包不住火了，咬牙也要硬撐著，不敢喊卡。

有時候過度包裝或誇大，只是為了博取別人信任，想要戳破自己說謊的壞習慣，首先要放下面子，誠實面對問題所在。

舉例來說，今年度我要展開拍電影計劃，如今還沒有看到作品，關心此事的朋友不免詢問：「電影拍得怎麼樣啊？」、「在鏡頭前演出會不會緊張？」、「預計在什麼時候正式上映？」等等。

「快好了！到時候我會跟愛奇藝合作、中央台怎樣怎樣……。」如果因為虛榮心、好面子，誇口說大話，最後下場可想而知。

回到當下，我實際的回答是這樣：「電影計劃一直在進行中，可是剛好遇到資金有些問題，現在暫時先拍微電影，再由短片持續推動出去，感謝你對我的期待，請再稍等一些時間喔……。」沒有受到面子的牽制而說出違心之論，此時就勇敢喊卡，別人反而會挺身相助。

但是多數人卻不這麼做，為什麼不承認自己的錯誤呢？因為擔心放出對自己不利，或公司有虧空的消息，資金就會抽走，投資客會走避。

礙於面子拉不下來，走入死胡同還咬牙硬撞，把自己撞得頭破血流，這才是真正的人財兩失吧。

◆◆◇

生活中的換位思考，如果早先認清問題點，設下停損點，是不是更容易找到突破點？不用走到山窮水盡，就能柳暗花明。

◆◆◇

放下無意義的執著，面子問題，請喊卡吧！

放下大人的面子，聆聽孩子的心聲

親子間的相處也是如此，明明是父母的不對，卻怪罪給小孩子，讓他們承受不白之冤，造成人生一輩子的陰影，讓本該明亮的色彩，瞬間化成灰敗。

大人有錯，就應該勇於承認，舉我和女兒貝樂的相處之道，她沒有做錯什麼事，可能只是考試成績不佳，我就大發雷霆。

◆◆◇

「我做的這一切都是為你好啊！」很多家長的口頭禪，聽了往往讓人不寒而慄。「為誰好？」其實，高壓緊繃的相處模式之下，沒有人會好。

◆◆◇

反過來想，我為什麼要生氣？她可能天生資質就是如此，考試考不好，並不代表以後就不好，生那麼大的氣幹什麼呢？甚至於訴諸暴力，都是不明智的行為。

孩子用功的目的為何？不就是在一定規範之下，讓他慢慢發展並培養出興趣，喜歡唸書就好好唸書，不喜歡唸書的，還會有別的方向可以全心投入啊！當我想通了之後，母女關係就不再困於彼此的情緒勒索。

有時候，麻煩正是出在父母的固執。

那些不合時宜，如今聽來看來已經食古不化，可以當作活化石了，為什麼還有人死抱著不放，當作聖旨？還是貞節牌坊？（是在演穿越劇？娘娘不要啊！）

時代在走，基本常識要有，年輕人的事，就該用一顆年輕的頭腦。

曾經看過一個小朋友偷東西，父母親察覺後，就是一陣打罵全武行：「羞恥啊！家裡怎麼出你這樣的孽子！」說穿了又是面子問題，認為丟了家族的臉，讓全家人一起蒙羞。

打罵只是皮肉傷，往往觸不到孩子的心裡去，傷筋動骨頂多一百天，等到傷口痊癒了，心頭的瘀血卻化不開，只會讓孩子把心門更加緊閉，找開鎖達人都沒有用。

這些所謂的大人們何曾想過，有沒有問問小朋友為什麼這樣做？當你瞭解行為的前因後果，真的只是為偷而偷嗎？是你認為他在偷，還是他真的在偷？

我們常常沒有弄清楚問題的因由，一旦觸及「高大上」的面子問題，自然而然就不分青紅皂白認定為偷竊，為了面子問題，不願意放下身段，頂著這塊道德水平的假招牌，往往是兩代關係疏離的起點，終點是涇渭分明的決裂。

走到這一步，一切，就回不去了。難道，這是你要的嗎？

爭吵時，先喊卡吧！

說完兩代之間，咱們來談談夫妻關係。兩個因愛而相互結合的人，站在同一個平面，到底是對等？還是對立？

熱戀時，我眼中有你，你眼中有我，彼此不分你我，你儂我儂。

爭吵時，你有你的立場，我有我的原則，我們是兩個截然不同的個體。

此時，若是對方不喊卡，自己當然不願意停口，一定要爭個水落石出。

但是事情真有對錯嗎？往往只是看待事情的角度，不一樣而已，為什麼不能在大家快要吵起來的時候，先冷靜下來。

走在關係的鋼索上，傷害一觸即發，只為了一個「贏」字，賠上了夫妻之愛，真的值得嗎？

既然知道前面是死路，那就不要走了，我們先各自繞路，或是先退回來。

然而，多數夫妻非要爭出一個輸贏，甚至以離婚收場也在所不惜，最後受到傷害的，都是落單的小孩。

因此，爭吵時，大家先各自冷靜，設下防火牆，避免大火持續蔓延、擴散，避免「燒」及無辜。

原本素不相識的兩個人，本就來自不同的家庭、不同的成長環境、擁有不同的朋友、做著不同的事情，今天有緣互為伴侶，共組家庭，為什麼不能退一步來想想。

一件事情，兩個人，在爭執對與錯的時候，我拉這邊，你拉這邊，相互拉扯之下，拉扯的也是彼此脆弱的心。

如果發生爭執的當下，及時喊卡，讓情緒冷靜下來，就能尋回自己的理智線。

喊卡的時機，可視當下情況而定；我的做法是先離開，此時對方可能會開罵：「妳怎麼可以一走了之？」我仍不加理會。等到一段時間，再折回來：「你氣消了沒？消了的話，我們再來談，剛才其實我覺得怎麼樣……。」如果對方又罵起來，我再離開就是了。

夫妻關係就像是一種遊戲，兩人是生死與共的隊友，總不能一直衝鋒陷陣，老想著贏面，還要有謀略、規劃，以及後勤補充戰備的喘息時間。

有時候舞刀弄槍太久了，都忘了過去還有甜蜜的時刻，正因那份爭執當中有太多糾葛難解的情緒——愛、恨、情、仇、心疼、不捨、埋怨、責怪……，通通揉合在一塊。

但是我們終究是夫妻啊，對方能夠容許我離開幾次？以我個人的經驗，頂多一兩次，慢慢地雙方就能靜下來和談。

我們永遠不要只想到去改變對方，而是從自己做起。這個時候按下「暫停」鍵，就是改變劍拔弩張的氛圍。

你喊卡，不只是對別人喊卡，也是對自己喊卡。我們很難撼動別人的情緒，但是可以用自己的方式來改變自己，我們要做的是解決事情，而不是製造問題。

一時情緒上來而不喊卡，只會製造出更多的問題而已。

所有工作、親子、夫妻關係出現紛歧時，永遠都是如此，每個人都在創造問題，卻沒有人在解決問題。

以自己的前段婚姻為例，因為對方不願意面對問題，選擇逃避，沒有找到對話的空間，但我不想持續處在暴風圈，於是我改變「一頭熱」的做法，採取「冷處理」，他在我的生命中，單純只是小孩的父親，如此而已。

一旦夫妻離異之後，更多人是老死互不往來，或是在小孩面前搬弄前任的是非，也有人會用不准探視的手段，限制親情交流，達到報復對方的目的。

但是，捫心自問，除了沒有緣分的另一半，要是有了下一代，親子關係是否為自己心中天秤的重要一端，假如答案是肯定的，你一定願意花更多的心力去突圍，而不肯讓它成為失落的一塊。

因此，那時候的我，身上沒有什麼錢，但是我會借錢來孝敬前婆婆，討她開心，我才可以看到小孩，因為孩子是我生命中的一部分。

一間屋子兩個人，伴侶關係要走得且長且久，不說忍讓，而是理解；不求寬容，而是包容。

我努力過，儘管前段婚姻成了生命的經過，卻沒有遺憾。我愛過對方，如今我的愛，只是再次回到我自己身上。

死不認錯，後果只會更嚴重

當你理解我，我包容你，很多爭執還是會發生，但很快地就會煙消雲散，因為找到了不傷害關係的解決方式，反而讓彼此的愛落實到日常裡面，因理解而深刻，因包容而長遠。

因此，錯誤的時機點要喊卡，才能讓它走往好的方向。

早期我在演講時，也曾經因為一時口誤，誤觸了禁忌，沒有察覺到自己說出了敏感字眼，見到台下有人臉色變了，當時並沒有選擇喊卡，繼續照著流程講下去。

「妳馬上給我停止！」這份察覺並沒有起預防的作用，因為不知道會那麼嚴重，後續竟然引起整場抗議，更驚動了現場的駐衛警。

「對不起，對不起，我們馬上暫停！」所幸，後來策劃活動的主辦人出面解圍，不需要多作解釋，唯有鞠躬、道歉，再道歉，才勉強化解了這場危機。

後來，回想整個過程，令我相當自責，明知道現場情況生變，我還不知變通，如果當下就喊卡，馬上抱歉，並承認口誤，我想事件就不用鬧得這麼大，也不用道歉這麼多次，才能平息眾怒。

研判情況，理性對待，該喊卡就喊卡，發現錯誤，直視問題，不要讓一把無明火無止盡蔓延。

「不管有沒有錯，都先認錯，再來處理最後的事情！」這也是危機處理最重要的一環，當客戶有所抱怨，那就先道歉吧！無論今天做什麼事情，就算站得住腳，我都會先道歉，給自己和對方一個旋身的機會。

道歉，是一種態度

事件發生當下，請先冷靜以待，我也是這麼教我女兒。

我告訴貝樂，如果今天妳跟同學、朋友發生了爭執，我們先認錯，這是一種態度，但接下來要怎麼解決，就要靠自己的智慧。

發生問題了，前提是先認錯，再來談解決，才是做事的方法。

貝樂升上國小四年級，曾經發生一個事件。由於她很喜歡小動物，學校裡面偶爾跑進流浪狗，她就會把早餐的土司邊分給狗狗。

有一個不同班的小男生，個性比較調皮，見狀就踢那些麵包。

「你不要這麼做，我要去報告老師！」貝樂說。

他可能想要阻止貝樂，就扯了她的頭髮，惹到「恰北北」的女生，這下可不得了了，女兒下意識自我保護的反射動作，就把手給揮了過去。

女兒沒有對他做什麼事，只是憑理而行，告訴他動手是不對的事。後來，老師知道了，就請兩位聯繫家長來學校一趟。

「媽咪，我沒有錯！」女兒一見到我，馬上哭了。

「媽咪相信妳沒有錯！」我安慰著她。

「這位家長，是不是請妳兒子把事情的來龍去脈，全部講一遍？我覺得我女兒受傷了！」我望著對方家長，有禮地說。

她就只是看著我，下巴微微抬起，並不加以理會。

「貝樂，我們先道歉。」我轉向女兒。

「我不要，我沒有錯，為什麼要道歉？」女兒臉色沉了下來。

此時，我壓低身子，湊到她耳邊，輕聲地說：「寶貝，我們道歉是展現一種態度，妳只要相信媽咪，先道歉，妳再看媽咪怎麼處理這件事！」

「阿姨，對不起。」於是，貝樂點點頭，便走到前面跟對方家長面前，說完再對著那名男同學說：「對不起。」

「妳知道妳錯在哪裡嗎？」不料，對方媽媽竟然冒出一句話。

「阿姨，我道歉並不代表我有錯，我媽媽說這是一個態度！」貝樂挺起胸膛回話。

接著，請女兒先把全部經過講完一遍，然後我當著老師和女兒的面，對那位家長語重心長地說了這番話。

「妳的兒子是寶貝，我的女兒也是！但我們對孩子的教育方式完全不同，我希望我女兒在往後成長的過程，可以有包容心、同理心，能夠體諒別人，因此她未來可以有許多要好的朋友，所以我請她道歉，但是不代表她有錯。錯的人是妳兒子，為什麼妳可以把他教得那麼沒有愛心？我女兒拿她沒有吃完的早餐要來餵流浪狗，他為什麼要踢麵包？光是這件事情，就可以請妳兒子來跟我女兒道歉了！」

「我女兒剛剛已經先道歉了，而且沒有對同學做出越矩的行為，是妳兒子扯了我女兒的頭髮！如果你們今天沒有向我女兒道歉的話，這件事絕不會這樣蒙混過去。」

「妳們沒有資格跟我們當朋友！」他媽媽突然說。

「朋友之間，貴在互相欣賞，很抱歉，我們也不想和妳兒子做朋友，因為我女兒的朋友都是有愛心的人，成績從來不是評估優劣的重點，人品永遠擺在第一位。發生這樣的事，我感到很遺憾，但是如果今天沒有道歉，我就跟妳在這邊耗！」不怕事的我，啥沒有，膽量卻很夠。

「貝樂媽媽，妳的話讓我相當感動！」老師深怕衝突持續引爆，演變成一發不可收拾的局面，趕緊出聲充當和事佬，然後轉向對方：「你們趕快道歉吧，事情就很快結束了。」

大人小孩依然不願意道歉，果然是有樣學樣。我似乎有點明白，為什麼現在社會上有那麼多層出不窮的衝突案件，原來都是從小事情慢慢養大而來。

◆◆◇

一旦小惡被輕易地原諒，那份惡行可能變本加厲，慢慢地像滾雪球一般，越變越大。現在，傷害了一個人覺得沒有關係，未來也許傷害了更多人，也認為理所當然。

◆◆◇

突然驚覺到，原來我們與「惡」這麼靠近，我害怕這樣的事情發生，在可能即將走偏的道路上，想要做出一點挽回，但願良善依然存在人心。

我叛逆，但我不做壞事！

「這位小朋友，阿姨不知道你叫什麼名字，如果你想和貝樂做朋友，以後你們可以一起學習、一起成長，但是要注意自己的行為，如果你媽媽覺得我們不適合當朋友，也沒關係，因為貝樂還有很多好朋友！」我對那個小男生說。

「就是有妳這樣子的媽媽，現在才會有這麼多的社會問題！」眼見對方媽媽依然一副傲慢的姿態，只好講出一句重話。

「我再給妳一次機會，跟我女兒道歉！」原本漫不經心的眼神，突然與我正眼相對，還沒等她發飆之前，我下了最後通牒。

因為我女兒從頭到尾都沒有錯，請她先道歉，展現出的態度是基於對彼此的尊重，但沒想到身為大人卻成了小孩的幫兇，隱藏過錯且敷衍卸責，把責任通通怪罪他人，這點實在是氣不過。

那位媽媽終於軟化了，帶著兒子向我女兒作形式上的道歉。

「謝謝，妳讓我女兒上了一課，於此同時，妳也讓妳兒子上了寶貴的一課。」我說。一次又一次，貝樂就在我們大人的「關係交手」中，學習到以後遇到事情，可以怎麼好好地解決。

常常在想，以我平生的經歷，可以怎麼幫助她，如何讓她知道人生的大小道理，媽咪走過太多崎嶇的冤枉路，這些辛苦的過程，我不願讓她再走這一遭。

我很慶幸，我還能夠手把手地教自己的女兒，心頭因此升起一股幸福感。

「媽咪，雖然我很叛逆，但是我不做壞事！」如今的她，常常這樣對我說。

「為什麼？媽咪有點聽不太懂什麼意思……。」

「我現在叛逆是有規範的叛逆，因為還未滿十八歲，所以很多事情不能做！因此，我現在叛逆，妳要很慶幸，如果等到十八歲以後才叛逆，就是沒有規範和框架的叛逆了，想做什麼都可以！」

她竟然分享如此獨到的見解，女兒果然長大了。

我仔細思考，她所說的話，不無一番道理。

「誰教妳的？」我微笑地問。

「沒有，本來就是這樣，我現在叛逆，很多事情不能碰，不能抽菸、喝酒，也不能怎麼樣……，一到晚上就必須回家。媽咪，如果我十八歲以後才叛逆，妳要用什麼管我啊？所以妳要非常感謝，我是現在叛逆。」

「唉唷，那還真是非常謝謝妳啊。」最後，我倆笑倒在一起。

我在心裡頭對著自己說，謝謝妳，我的寶貝女兒。

奇蹟如昫・練習六

為曾經說的謊，因你受到傷害的人道歉

過去因為一些原因，讓自己變成謊言製造機？

誠實面對自己的不誠實吧！現在，重新回到年輕歲月的時刻，不小心犯了一個過錯，因為害怕被責怪或處罰，只好扯了一個謊，卻沒想到在內心蒙上了一層陰影。隨之而來，為了避免那個謊被發現，只好又說了好幾個謊言。

有人因為你的謊受到傷害了，當時的你選擇沉默，任由傷害不斷擴大。

如今，可以有重新再來的機會，請直視你的謊言，對著眼前受到傷害的那個人，深深深深的鞠躬、道歉，勇敢大聲地說出來吧，就像把禁錮已久的靈魂給釋放。

○○○，對不起，當時說了○○○○○○○○，讓你（妳）受到傷害，請求你（妳）的原諒，再次深深地致上我的歉意。

然後，你會感到如釋重負一般的輕盈，原來，沒有秘密、沒有謊言，可以如此的快樂。

07

固執與堅持，永遠不過時

高情商，讓你愉快地做自己，
也能讓身邊的人感到幸福。

我們都聽過「山羊過橋」的故事，白羊從東邊走過來，黑羊從西邊走過來，但獨木橋的空間只容一隻羊走過。

兩隻羊僵持不下，沒有一絲退讓的心，只好用頭角比力氣，最後雙雙落下湍急的河水，隨著水面載浮載沉。

固執、堅持，傻傻分不清？

這個有點老掉牙的寓言，大家可能已經都聽膩了，但故事裡頭說的「固執」，永不過時。如果把羊換成人，就成了每天新聞不斷上演的情節，為了「過橋」，可以翻桌、打架、闖紅燈，甚至鬧出人命關天的大事。

所謂的固執，就是不聽人言、不理人勸，對事物見解抱持絕對不二的信念，明知山有虎，偏向虎山行，就算最後跌個粉身碎骨、玉石俱焚，也在所不惜。

於是，當你指著一個人說「固執」，對方通常會回說：「我這是擇善固執！」

或者，對朋友說不要這麼固執己見了，他便回你：「我是堅持。」

固執、堅持，好像很多人把兩者搞混了。

當前往的目的地一樣，中間遇到了困難，固執的人方法不變，堅持的人改變方法。最後誰能夠到得了，答案可想而知。

身為一個「堅持」的奉行者，自從開始練習高爾夫球，揮桿成功成了一心所向。金牌教練鄭力齊大哥對我說：「打球姿勢沒有對錯，只有正不正確，姿勢正確，就可以把球打好，不正確的話，就難如登天了。」

我不想當黑羊，也不想做白羊，只想好好過橋，把球打好。

既然有了目標，為了把球打出去，在既定的規範中微整姿態，是我不改本色中的彈性做法。果然，揮桿得分。

但我的朋友就沒有那麼幸運了，從事化妝品銷售的他，想要自創品牌，然而第一步就走錯了方向。

「第一步該思考的是，前台通路和後台管理怎麼做，第二步再來定價格，這樣的商業模式才可以有所期待。」前輩好心提點，他卻左耳進，右耳出，只想著先定好價格，再來思考商業模式。

「你轉一下就過了，不是嗎？」後來，當他把精華液的價格開好之後，資金籌措上就遇上了難題，我也覺得不太妥當。

「不，這是我的堅持。」他卻依然故我。

「唉，這個叫固執，你已經錯了第一步，現在又錯第二步，更遑論第三步了，這樣下去，未來只會一直在錯誤中反覆循環。」我好心地勸解，既然發現了錯誤，就要懸崖勒馬，轉一個方向，換別條路走走看，也許能夠更快地達到目的地。

「我才該嘆氣，沒有人懂我啊！」他邊說邊搖頭，我也只好跟著搖搖頭。

◆◆◇

固執總有過時的一天，堅持則是因地制宜，因事權衡，千萬別看到路就傻傻地「直直撞」，明明自己已經那麼努力，卻還是如此費力，進而感嘆自己的生不逢時。

◆◆◇

其實，並非眾人皆醉你獨醒，而是已經酩酊大醉，卻還自以為最清醒。不是沒有人懂你，而是你的「前衛」讓人不敢恭維。如此一來，前面等待你的不會是光明燈，而是一路跌跌撞撞的坎坷人生。

固執跟堅持是截然不同的兩回事，我們常常聽到有人說：「你要堅持下去！」可是這裡發現一件弔詭的事情，一直說要堅持的人，方法卻從來沒有改變，用錯方法就是固執己見，撞到天花板了，還是不願意換個方法，轉念。

反之，智慧者所謂的堅持，會為人生找出新方向。做法微調，方向對了，再遠的地方，也會走到。

◆◆◇

究竟是固執，還是堅持？最大的不同在於，有的人可能永遠到不了，有的人可以提早到達目的地。想要當前者，還是後者，全由自己決定。

◆◆◇

喂喂喂，麥克風沒聲音？

「聽，海哭的聲音，這片海未免也太多情……。」演唱會上，常常看到歌手把麥克風往台下送，來個全場大合唱，那個畫面多麼溫馨感人。

咦，你可能沒想到，連天王天后都有可能忘詞，但是藉由一個貼心的小動作，就能抓緊聽眾的心，締造雙贏的局面。

舞台上就是一場表演，重點是讓賓主盡歡，你得展現出十八般超群武藝，不管是賣笑還是賣命，都要盡情演出。

一如牧羊人和羊的關係，好的牧羊人是走進羊群裡的，沾滿羊的氣息，既怕牠們走散，又怕牠們餓著，用愛關照著羊群。

演說這件事也可以這樣來看待，你必須留意、關照台下的每個人，他們不一定對你有所需求，你必須自己創造被需求。

站上演講台的我也是如此，受到邀約時，就會打好草稿，列出分享內容的先後順序，但是現場狀態百百種，總有出奇不意的時刻，你不能期待事事順心，但可以做到保有彈性。

一旦站上舞台，就要開始分辨這次群眾的定位與需求，臨場隨機應變，要是單靠「一招半式闖天下」，時間一久，模式套路就被摸清楚，還想獲得下次的邀約，也就甭期待了，觀眾的眼睛是雪亮的。

隨著一路的講師路磨練，我開始懂得即興發揮，但是有時候腦筋突然一片空白，只好趕緊打圓場：「喂，喂，喂——麥克風沒聲音耶！」然後一笑，二笑，透過三笑的短暫空檔，趕緊把電源線給接上。

因為我知道，如果當下忘了要講什麼，繼續硬講的話，整個場子就冷掉了，此時還可以有一個做法，那就是講笑話。

「正事等一下再說，現在突然有一個興致，我們找一個最不敢拿麥克風的人，上來講一段笑話給我們聽，好不好？」

這時候的大家會變得異常期待，被點名上台的人，表現得好與不好都沒有關係，因為聽眾都會不吝嗇地拍拍手，上台的人也能獲得成就感，整個場面就能繼續熱絡。

從講師的準備之路，到實際上台驗收的「割喉戰」，可說是血淋淋的一步，當聽眾不喜歡，就會直接反應出來，聽眾喜歡，也會馬上讓你知道。

因為我的堅持，無論如何要把講師這件事做好，而不只是用固執的心態面對，才能夠不斷調整、不斷學習、不斷精進。

不能老是怪罪別人賞你冷眼，罰你坐冷板凳，你得先反省自己，為何老是用同一張臉，畫同一種妝容，就期待鮮花送到面前來。

社會在走，行情要有。這個行情可以透過實戰累積，想要昂首闊步橫著走，得先看看自己有沒有把功夫練好，才能有機會上場殺敵，打遍天下無敵手。

從小組競技再到大組競賽，整場氣勢正紅的時候，只要問一句：「是不是？同不同意？對不對？」對方只要舉了八次手，第九次就不會無動於衷。

就連一個「天黑請閉眼，狼人現身！」的遊戲，也可以當串場的小遊戲、小組競賽，這些互動的技巧，全都靠平日的收集與參與，你要成為什麼樣的人，成就什麼樣的事，就要開始調整方式，丟掉固有的模式，轉換「堅持」的態度，靈活頭腦的應變能力，把沿途的小石頭變成小花朵，走出截然不同的一條路。

高情商，讓好事一直發生

「你到底有沒有用頭腦啊？」我們常常聽到一個人指著另一人這樣罵。

有時候是上司對下屬，有時候是父母對兒女，有時候是老婆對老公，然而，他們並不是沒有用頭腦，只是情緒商數不太高，反而阻礙了後面好事的發生。

智商（IQ）指的是一個人的智力商數，主管抽象思維和邏輯分析，展現理性的一面；情商（EQ）則反映出一個人的感受、理解、表達、控制調整情感的能力。

假使一個人沒有高智商，頂多可以做一名安分守己的老實人，但一個人若是少了高情商，就得頂著辜負自己，又辜負別人的天下罪名，豈不是「寶寶心裡苦，但寶寶不能說」了嗎？

蔡康永說，所謂高情商，不是迎合別人，而是關注自己。

其實他說的，就是在人際相處中恰如其分地扮演自己，不只能夠愉快地做自己，還能夠讓身旁的人感到幸福，當雙方都擁有一段舒服的關係，自然會彼此靠攏，互成對方的貴人。

◆◆◇

情商是什麼？情商就是對得起自己，也無愧於別人。唯有高情商，能夠讓好事如花生，遍地生根。

◆◆◇

固執的人看不見自己，也看不見他人，只在泥沼中打轉，終致一事無成。堅持的人看見自己，也看見他人，把自己打理好，也把別人看顧好，持續下去就離成功不遠。

把一件事做到精，就是成功

我有個朋友阿銘，以前從事電腦行業，他因為經濟條件不太好，又沒有地方住，一時慈悲心起，沒想太多便對他說：「我家還有一個房間，不收房租，就給你住吧！」

但是阿銘的業績一直沒有起色，老是感到挫敗，總覺得老天爺對他不公平，沒有貴人，一堆怨天尤人的理由，卻從不反省自己。

他說，也許自己不適合賣電腦產品，那就去賣筆、賣手機吧，後來筆跟手機都沒有賣掉，又轉念想去賣書，一直這樣下去。

◆◆◇

其實，賣什麼不是重點，重點在於怎麼賣。

「如果你賣一枝筆，就把一枝筆賣到最精，那樣就是成功！」

◆◆◇

「你有沒有聽過一枝筆換一間房子的故事？為什麼不把一件事做到最精？」我這樣

對他說，可惜他沒有聽進去。

「這樣的話，賺不了太多錢！」阿銘說。

「什麼才算多？你有命賺那麼多嗎？想要賺大錢需要大格局，你的格局在哪裡？跟客戶約在超商座位區談生意，都還要算我的三十五塊，然後找你五塊！」我提出反駁。

「可是我沒有錢……。」他又說了這樣的話。

「你知道什麼叫業務嗎？今天就算沒有錢，如果要簽大單，和對方約在速食店，這樣子有可能談成功嗎？」我急切地說：「有一些飯店樓下有相當高檔的咖啡廳，都是免費的資源，你帶客人到那邊談生意，對方也許以為你就住在樓上。相反地，比起約在超商，哪一種給人的觀感比較好？」

「這是我的堅持！」面對我的比喻和建議，他依然不置可否，幽幽地回應，依然沒有想調整做法的意思。

「一個客人約了十次，同樣約在超商，結果一單都沒簽下來，請問一下，最後成交的有什麼？」他對我搖搖頭，我的火開始升上來了。

「你都只是在原地踏步！」當然是對方認為介紹的東西沒有商機啊！住了快一年後，阿銘搬走了，直到現在還是在失敗中循環，永遠在尋覓下一個工作機會。

也許，別去想創業這件事，對他可能比較好，因為少了彈性和變通，錯把「固執」當「堅持」，最後讓自己一事無成，我也無能為力。

堅持高情商，坐擁幸福大滿貫

「稀尹，謝謝妳上回幫我介紹客戶，下回請妳吃頓飯！」比起一頓飯，看著秀芳越來越發光彩，我的開心溢於言表。

秀芳是保險業務員，工作之餘，還要照顧兩個小孩，家中開銷都由她負責，真的是一個人當三個人用。以前的我，曾擔心過她的下一餐該怎麼辦，後來才發現是我多慮了。每到發薪水的日子，這裡要用，那裡要花，一下就見了底，阮囊羞澀，口袋裡沒有其他閒錢，卻也不見她向人借貸，到底是怎麼回事呢？

後來，我知道，原來是高情商帶她走出困境。

秀芳有一台破摩托車，永遠只有那三套像樣的衣服，她知道自己沒錢，因此不會約客戶到外面吃飯，也不會讓客戶看到自己騎摩托車。

因此，她會先騎到客戶的住處附近，然後把車停妥，開始打理自己，當她走到客戶家門口的時候，整個人容光煥發、乾淨整潔，對方看不到她戴著安全帽，蓬頭垢面地騎著摩托車的樣子。

「我到這邊來，想說天氣那麼熱，帶兩瓶水給你！」她有禮地對客戶說。

她將可能顯而易見的弱點，變成出奇致勝的強項，原本致命的缺點成了翻轉的力道。後來，她受到公司的賞識，職位一路直升，也換了一台國產車，形象升級，越來越有女總裁的樣子。

◆◆◇

高情商不只是內在堅韌的軟實力，更彰顯人事交際的外在硬實力，內外兼備，掌握了美，也掌握了力量。

◆◆◇

我曾把秀芳的故事分享給阿銘，他只淡淡地說：「那是她的做法，我的做法就是這樣！」他的回答，使我安靜。

這就是堅持和固執的差別，同樣的兩種人，一個可以把自己打理好，堅持下去，讓自己得到成功；一個持續在固執中打轉，一直走不出困境，卻也不願意改變方法。

「到底為何改變一個思維、一個方法，有這樣的難？即便改變做法，對自己也沒有任何損失啊！」我繼續問他。

「每一個人做事不一樣，這就是對方的風格。」他篤定地回答。

「既然你的風格注定失敗，為什麼不試試可能成功的風格？」

「因為那不適合我！」他簡短地說，像個智者。

「照你這樣的說法，是說成功不適合你嗎？那麼還要追求成功做什麼？」看著他為錢所苦，有點於心不忍。

「如果一個人要吃飯、討生活，身邊連個借你三千塊的人都沒有，你就是一個失敗者！除了我以外，還有誰會借你錢呢？」

看著他不動聲色地墮落，此後，我再也不多嘴了。
如今的他，還是繼續在找錢，生活仍然沒有任何改變，一事無成。
「你對得起自己嗎？」最後一次見面，我對他說了這句話。

◆◆◇

我在想，總裁不是人人當得起，但我們可以學習總裁的高情商，就算當一名銷售員，也可以不用委屈求全，活出自己的驕傲和美麗，敬一個值得的人生！

◆◆◇

奇蹟如昫・練習七

假如你是一位馬桶銷售員……

不管使用何種方式，眼下的你必須將物品推銷出去！

面對一個奇怪或是難賣的產品，要如何發揮「堅持到底」的精神，成功打動顧客的心？一來，讓對方看見商機，二來，人生將因此改變的種種可能，而願意掏出鈔票，把產品帶回家。

你的面前就有一堆滯銷難清的馬桶，劉德華以前有首歌：「每個家都有馬桶，每個人都要去用，用完了以後，逍遙又輕鬆，保證你快樂無窮……。」也許就用這首歌當開場白吧！拿起馬桶吸把，當作麥克風，站在前場勇敢地唱跳起來，保證吸睛度爆表。（請盡情發揮想像力，自創可以吸引人潮的招數）

當人潮聚集之後，開始有條理地大談馬桶的好，這個馬桶如何與其他不同，從功能、外型、設計、藝術性等等，甚至是買馬桶送泡澡桶的優惠方式都可以，只要你夠有情商，且夠堅持，願意調整方向、全力以赴，第一個成交大滿貫的業務員就是你！

Part 3

你的成功可以不一樣——

走出內心黑洞，讓愛發光

誰不是一路跌跌撞撞的成長，上天厚愛，在過程中送我許多「禮物」，帶我「領悟」此生未完的功課，於是乎頭銜從「遺書小姐」、「迷路專家」，來到「不要臉女王」，完成奇蹟變身的三部曲。

走過荊棘和坎坷，學習當一名稱職的講師，讓自己成為一道光。

希望透過生命故事，幫助那些徬徨失措的人，找到生命的出路，一起照亮內心的黑洞。

08

第一名，不要臉女王！

都說TED是最成功的演說方式，
當人人觀望時，我已經上台了。

「遺書小姐」曾經是我的稱號，那時候剛出版第一本書，彷彿受到了某種感召，迷迷糊糊把走過幽谷的心情寫下來，萬萬沒想到，寫遺書竟然寫到變成暢銷書，從此這個名號不脛而走，朋友相聚，不免美言幾句，讓我有些不好意思。

後來，有幸出版第二本著作《迷路回家：生命為我拐了許多彎》，生命有如一道道迷宮，我們在其中不斷探索，在這條不斷拐彎的道路上，終於找到發光的出口。

講師之路，變身成功三部曲

誰不是一路跌跌撞撞的成長，上天厚愛，這條路上送給我許多「禮物」，帶我「領悟」此生未完的功課，書寫過程，不只照亮自己內心的黑洞，同時透過生命故事，幫助那些徬徨失措的人，找到生命的出路。

原來，每個人都是一道光，透過生命的撞擊與折射，才能鑄就自己的鋒芒。

這本書竟也悄悄登上心理勵志排行榜，「迷路專家」成了我的第二個稱號，似乎也註定了往後「讓愛延續下去」的道路。

如果，你以為「稱頭」只到這裡就停止了，未免太小看我了，雖然榮耀從不需要刻意記載在名片上，但是本小姐就是受到眾人加冕認證的「不要臉」。

提到這個「尊稱」，有一段說長不短的小故事，待我慢慢分享。

「成功三大要素」是一場演講的題目，需在三分鐘講完一個觀點，有亮點還能合情合理，達成震懾全場，奪人「耳」光的演出。

透過抽籤排序，我排在中後段，前面已經有那麼多人講得這麼精彩了，我可以拿什麼贏過人家呢？

終於，輪到我登場了，順了一下口氣，便站定舞台正中央。

大家好！

首先，要先分享一件事，我不是在幸福家庭中長大的孩子，過往工作經驗也沒有很多，主要經歷就是在酒店上班。

不避諱告訴大家，是因為我出了兩本書，也許稱不上第一，但我是一位從寫遺書寫到變成暢銷作家的人，所以我不是「第一」，卻是「唯一」，我叫蔡稀尹。

（全場鼓掌大笑）

即便人生這條路充滿了坎坷，我還是想要讓自己成功。

但是成功對我來說，好像是一件遙不可及的事情，因為我還搞不清楚成功的定義，到底我要的是——成就感，還是——錢。（笑）

而且，我不知道該怎麼樣才能成功，似乎它是一件麻煩事，還得思考許多複雜的情節，加上我有一個懶人性格，儘管想了很多方法，終究還是失敗了。

於是，我對成功永遠抱持著夢想，一下子覺得我可以，一下子覺得我不行。

即便如此，我還是覺得不可以輸給別人，因為我是被環境逼迫，而成為一位好強的單親媽媽。我認為單親也可以是一種時尚，偷偷告訴你們，千萬不要惹到火力全開的單親媽媽。（全場笑）

一路到現在，我經過了這麼長的一段過程，終於得出成功的大道理。

我把成功歸納於最簡單的三要素，你們大家一定要記起來，如果你沒有記起來，真的會後悔，只要記住三要素，我保證各位不可能不成功！（全場驚嘆）

想要追求成功，不外乎跟隨以下三個步驟：

第一、要堅持。

固執的人方法不變，堅持的人改變方法。固執的人可能傷痕累累才到得了，而堅持的人卻可以提早到達目的地。想成功，唯有堅持。

第二，不要臉。

做任何事情，都要帶著謙卑、謙卑、再謙卑的態度，面對可以帶領我們成長的長輩，用盡全力地吸收，慢慢墊高自己的厚度；然而，要是遇到不願意分享的前輩，也得不要臉的求教，發揮死纏爛打的精神，就像古代人拜師可以在大雪中苦苦等候老師醒來，果然精誠所至，金石為開。

第三，堅持不要臉。

這點非常非常的重要，正如武功祕笈的關鍵心法，如果不記下來的話，真的會後悔一輩子。

所謂堅持不要臉，就是你要帶著堅持的信念、謙卑不放棄的決心，勇敢地去做你要做的事情。

所以成功三大要件是什麼？堅持，不要臉，堅持不要臉，那就對了。（眾人一起跟著回答，全場起立鼓掌，歡聲雷動。）

最後，這場「成功三大要素」成了第一名的演說，也為我贏得「不要臉女王」的稱號。

一門天價的談判課，靠真心打動

關於「堅持不要臉」的成功學，我想再舉一個淋漓盡致的實例。

輾轉得知一門成功學的課，要價不斐，收費昂貴卻可保終身，如此充滿吸引力，當然要前去瞧瞧。

「老師，我有向學的心，想要來上課，我身上沒有錢，但是我可以送你一本書！」我說。

老師一聽頗為鎮靜，沒有任何回應，似乎繼續讓我說下去。

「加盟阿亮香雞排也要五十萬，我非常認同你所收的價錢，但是我現在沒有五十萬，連五萬都可能付不出來……，如果以後我有錢的話，我願意支付，但我現在沒有，等我累積了知名度，以後換我幫你站台！」我穩穩地說完。

是不是覺得這個女人有夠不要臉了吧？其實，我的內心很緊張、很害怕，但無論如何都要成功的念頭，使我一切豁出去了，為了讓人家記住我，硬逼自己做出常人不敢做的舉動。

以上純屬對話的有趣橋段，談判雙方不一定非得爭得面紅耳赤，幽默機趣，再帶上一顆真心誠意的心，更能顯出自己的與眾不同。

最後，不曉得是否因為我的膽識，還是感受到狂妄背後那份真切的進取心，老師送我免費到新加坡去聽「世界第一潛能激發」安東尼．羅賓（Anthony Robbins）的課程，得以站在巨人的肩膀上，繼續精進功力。

我過生日，送你菇菇包

「過幾天是我生日，你能不能送我五百個菇菇包？我可以幫你免費宣傳，以我們的交情，五百個菇菇包也沒有多少吧！」

再過不久，剛好是我的生日，有位朋友在婚宴會館服務，店裡有個招牌甜點「菇菇包」，於是啟動了另一個不要臉實例。

「好，沒問題，那妳要幹嘛？」他笑笑地問。

「我要送給人家吃，順便幫你廣結善緣！」我感謝他的大器，有這樣溫暖貼心的好朋友，是我的福氣。

生日那天，我帶著菇菇包一起走進教室。

「老師，今天是我生日喔！」我略帶撒嬌的聲音。

「妳怎麼沒有事先說，等等我們準備禮物給妳！」老師突然眼睛一亮。

「老師不用特別送我禮物，因為我要的禮物不是這個……。」我的心頭暖暖的。

「我覺得人生就像《超級瑪莉歐》一樣，我們都在玩遊戲，『菇菇包』就像是成長菇，我希望送給每一個學員一個菇菇包，吃了菇菇包之後，他們就有足夠力量，戰勝一切逆境。」我繼續說著，老師則對我點點頭。

隨後，學員的手上都有一個菇菇包，吃著美味甜點，一人一句的生日快樂，幸福充滿了整間教室。

◆◆◇

大家吃著菇菇包，想必都把我給記起來了，同時記住了品嘗甜點當下的美好心情，透過生日的分享，不只行銷了自己，也為朋友建立了品牌好口碑。

◆◆◇

「大家好，我叫作蔡稀尹，和『吸引力』的『吸引』同音，你們已經中了我的毒，就是吸引的菇菇包！」我補充說明。

接著，「不要臉女王」上身：「我想要跟你們要一個禮物！」隨後，拿起了身旁的空盒子。

「最近可能要到廈門一段時間，因此需要很多人給我勇氣和祝福，這裡有一個空盒子，請你們把要給我的祝福放進去！」

全部學員開始動了起來，排成一長列，陸續走到我的面前，把禮物送給我。

「稀尹，我要送妳勇氣」、「生日快樂，送給妳信心」，他們陸續把無形的祝福放在空盒子裡。

「我不需要物質的東西，這才是我要的禮物，謝謝你們！」

不怕沒機會，只怕沒舞台

後來，我才發現，原來不要臉，是自小開始養成的計劃。

小學時代，每逢抽背、抽籤、抽獎，到全校抽出演講代表——○年○班○號蔡稀尹同學，十之八九都會中籤（就連癌症也抽中我），身為萬中選一的那個人，該說是幸運還是不幸，很難一下子定義，但從此奠定了註定上台的緣分。

不怕沒機會，只怕沒舞台。當舞台為你搭好了，沒有拒絕上場的道理。

記得那一次，代表上台的演講題目：「我最喜歡上的課！」

當時還時興體罰的時代，要是講不好，下了司令台包準被老師一陣狠打，但我管不了那麼多，只知道發揮不要臉的本事，清清嗓門就說：

校長、主任、老師，各位同學大家好：

今天上台來要分享的是「我最喜歡上的課！」但很可惜的是，我從來就不喜歡上課，也沒有喜歡上的課。但是即便如此，我還是會乖乖的上課。

因此，我要調整一下演講的題目，不再是「我最喜歡上的課」，而是「我真的不喜歡上課」。

（這時候，隱約瞥見坐在台下的校長，整張臉都綠了。）

在我不喜歡上課的過程中，我參加了戲劇演出，不過是主任強迫我去的，但我自認在裡面表現得很好。

我不認為自己念書會比戲劇演出還強，但即便我不喜歡念書，我的作文成績也還不錯。

我不喜歡念書，沒有一個科目是我喜歡的，尤其是數學還常常考〇分，但至少作文的成績都拿得挺高分。

因此，現在我想要請我的作文老師上台，來跟大家分享一下，我的作文能力到底好不好，現在就換作文老師來講……。

然後，我就下台了。此時，台下響起如雷的掌聲，可能在想這個小女生真敢言，不只有膽識，還懂得帶動氣氛，掌控整個場面。

果然，大家記住我了，校長也送了當時很流行的魔術鉛筆，不是一枝，而是一整盒，讓全班好生羨慕。

後臉書時代，要臉？不要臉？似乎已經不那麼重要，既然橫豎都要出場，你想展現出怎麼樣的自己，才夠吸睛？

時代在變，有些事卻從未改變，工具推陳出新，重點是你想拿它來做什麼、說什麼？做對了、說對了，就能搏人眼球，擁有上位的契機，卻頂多只是曇花一現，火熄了，人跟著滑下神壇。

唯有心態對了，才能走得長，走得遠，更能幫助其他人一起贏得成功，繼續將幸福推送出去。

都說TED是最成功的演說方式，好的說話技巧，能讓全世界記住你。

普普藝術大師安迪．沃荷（Andy Warhol）也提過，未來每個人都能成名十五分鐘，端看自己是否能掌握住機會。當人人觀望時，我已經自告奮勇了。

舞台就在這裡，放膽來挑戰。我敢，那你呢？

奇蹟如昫・練習八

做一件不要臉的事！

克服恐懼，扯下長久禁錮下的假面，把自己釋放出來。

「真心話大冒險，你選哪一個？」這個遊戲又稱作「誠實與大膽」，兩兩一隊或三五一組，同時在字條上寫好幾種不要臉的舉動，一一捲好放在籤筒中，然後猜拳決定輸贏，輸的那一方就要受到懲罰，自己選擇「真心話」或「大冒險」。

「真心話」：請分享一則自己過去發生的糗事，如何發生到最後結局超展開。

「大冒險」：請抽出籤筒中的字條，照著上頭指示，勇敢做出來。

這個訓練要教會我們，當你什麼都沒有，或是沒有任何退路的時候，只要勇敢，就沒有什麼辦不到的事。

09

十萬次練習，成就 NO.1 的演說

掌握住精彩非凡的兩分鐘，
十萬次的練習都不嫌多。

「日子過得好好的，為什麼要花大錢上講師課程？」曾有人這樣問我。

「因為我想要成就自己！」表達是一種最直接、最真誠的方式，演說能夠快速讓別人認識你。

回溯原因，在於出了書、進而受邀登上《中華好媽媽》節目之後，認真想要透過分享，讓自己的故事被更多人知道，也許如此，可以救回迷途的羔羊。

因為我都可以走出來了，別人當然也可以。

上台之前，先下苦功

「稀尹，我覺得妳是一個有故事的人，妳要用故事的影響力，進而幫助更多的人，這才是妳的使命！」一位講師如此告訴我。

「我早知道該這麼做了！」一時受到稱讚略顯尷尬，只好順著回話。

「妳早就知道了，但是妳做了嗎？」

對啊，我如果知道了，那麼我又做了哪些努力呢？

然而，成為一名優秀的講師，並不是一件容易的事。

演說不是上台隨意分享流水帳，那不會有人想要聽，正所謂台上十分鐘，台下十年功，想完成一場好演說，先從擬好一份完美的演講稿開始。

我們一生下來，張嘴大哭，討到擁抱，餓了張口，茶飯自來，以為世界以自我為中心，等到長大了才發現，原來把話說好，不只是嘴巴打開，蓮花就會開出來。

但是，說話是可以學習的，首先，你得先打動人心；再者，必須跟每一個人產生共鳴，不管你的訴求是什麼，傳達愛與和平、銷售產品、防疫訊息、理財觀念……，都要具備同理心，站在對方的立場思考，進而才能產生互動，互有連結，後面的事就好說了。

那麼，實際上該怎麼做呢？根據我一路的上課、領悟、蒐集、彙整和研究，這裡就一併解構好的演說，需要具備的七步驟，不藏私與讀者一同分享。

◆一、主題：

先確認，今天打算講什麼主題呢？

◆二、架構：

假設今天主題是「蔡稀尹的新書」，層層剝洋蔥的架構法，就是——為什麼我會出這本書？從哪裡開啟的想法？想要分享的核心理念？寫書過程遇到的困難？……一路深挖下去。

等到地基挖好之後，再把回答一個一個往上堆疊起來，成為骨架，就是一種蓋房子的概念。

◆三、講故事：

不一定非得自己親身經歷，也可以是別人的故事，或是出自哪位名人說過的話，這裡把它重述一次。

要特別留意到，這裡所講的故事要能帶到架構跟主題，彼此具有關聯性，才能發揮加乘效應。

◆四、方法：

從主題、架構、故事一路開展下來，此階段需要用點巧思，把這些分享的內容串連起來，匯聚成一個主軸。

◆五、輔助：

順著風向，把聽眾帶往你要他們去的地方，釋放出核心理念，同時可以借用輔助道具，幫助自己和大家入戲。

假設我要傳達的第一個概念是「讓愛延續」，一定要找到這個「輔助」。可能是我自己的書，或是電影片段，引導聽眾投入想像，人家才聽得懂我在表達什麼，這份虛空的想像，就可以落實到當下。

◆六、聽眾

做了這麼多嘗試，聽眾要是聽不下去，一切都是白費心力。

聽眾是你整場演出的靈魂，因此，你不能活在自己的世界，只講給自己聽，跳脫框架，用生動活潑的表演撼動現場，擄獲台下的每顆心。

◆七、賣什麼

整個鋪陳，其實都是為了最後的產品，這個產品不一定是實質的物品，也可以是虛擬的信念、激勵、勇氣等。

你想要賣什麼？就把所有灌溉的小渠道，都往那裡匯流。

漫天說話不難，難在組織架構，就好比粽串一樣，拉住了一條線，結果最後就全部串起來了，一堂精彩的演說就成功了大半。

演說，幫我療癒自己

一場平鋪直敘的演說，不有趣，沒有方法，也沒有故事，不要說是聽眾，如果換作是你坐在台下，一定也聽不下去。

「那我是不是永遠做不好一場分享了？」不要侷限自己，成功沒有停損點，善用七步驟寫好自己的演說稿，不斷地努力、不斷地練習，相信自己，可以把內容轉化成好聽的故事，就能成就一場好的演說。

還記得年輕時玩過的團康活動，用一首歌來傳接麥克風，最後落在誰的手上，誰就要上台表演，大多人都害怕拿到麥克風，但唯有勇敢接過麥克風的人，才是成功者的行動。

一開始的我，也是「有口難言」的人，但是比較不同的是，就算畏懼，還是會硬著頭皮上場，結果當然是草草結束。

一次次訓練下來，膽子變大了，話也越說越精準，順利打到對方的天線，詼諧又有趣地讓每個人接收到獨樹一格的觀點，並為我喝采。

今天起，你也可以毫不懼怕，清楚明瞭地展現自我。

「不要害怕，不要恐懼，我永遠都在你身邊……。」記得第一次前往講師課程的時候，一位學音樂的學員現場演唱一首歌，想送給老師。當我聽到這句歌詞時，眼淚馬上不聽使喚地掉下來，然後完全無法克制地崩潰。

儘管有些丟臉，卻讓我體會到，內心那個曾經受傷的小女孩，原來如此孤單，仍然需要被鼓勵，此時的我坐在團體教室裡，因為一首歌，感受到如此貼近入心的溫暖，間接療癒了我。

◆◆◇

哭過之後，心中愈加踏實，更篤定於自己的選擇，這條路果然沒有走錯。

◆◆◇

往後，持續在課程中自我精進，無暇顧及旁人的批評或是冷言冷語，一心只想往成功的方向奮力前進。

十萬次的練習，掌握命題兩分鐘

「如果生命走到終點的時候，你想留給自己的最後一句話？」

這是講師群組裡面的課題，今天我先把想法寫下來，再指定下一個人，下一個人再往下指定，成為說故事接龍訓練法。

過去曾聽過「一萬小時天才法則」，想要成為某個領域的專家，唯有下苦心鑽研淬鍊，才能從平凡變成超凡者。

演說同樣需要這份「刻意練習」，把故事說好，需要靠不斷地練習，儘管學員們來自世界各地，每個人都有自己的責任與義務，但為了成就自我，再忙都得撥出時間。其中，線上分享是最即時又方便的做法。

當你的故事寫了下來，透過群組分享出去，在廣大的學員之間互相傳閱，很多時候，我會看見我的故事，以不同的形式或做法，被別人再次傳播出去，無形中增加了我的曝光度。

想要成功，你是否敢於自我承諾？想要掌握住精彩非凡的兩分鐘，十萬次的練習都不嫌多。

「聲音表情不夠生動」、「語氣太平了」、「可惜超過半秒鐘」、「不夠有趣啊……」，過去沒有人教過我該怎麼表達，完全土法煉鋼從頭做起，藉由鏡子觀看自己的面容、肢體動作，不斷錄音又重複播放聆聽，一次不行、兩次不行，真的無法參透就不恥下問：「想請教一下，可不可以麻煩你告訴我，聲音語調要怎麼做？」

我的聲音屬於比較低沉的類型，沒有辦法做出高亢的帶動，難道要這樣受到侷限嗎？後來我想到，同樣目的都是帶動氣氛，既然不適合尖叫，那麼可以請別人叫啊！

此外，每天晚上七點半是「兩分鐘命題演說」，假設今日題目是「自我介紹」，就必須在兩分鐘之內，透過電話清楚地完成這份指令，而且由老師評判是否精彩。若是多一分、少一秒都要重錄，說得不夠吸引人，一樣打掉重來。

特別的是，每個學員執行演說訓練，需要先進行公眾允諾：「假如我沒有做到的話，就要如何……。」其中，有位學員對自己相當殘忍，竟然「公眾承諾當場喝尿」，自我砥礪的結果，後來果然成為一名優秀講師。

透過即席演說的隨傳傳批，得以持續調整，不斷修正，終於能夠慢慢上手，面對不同的題目，延伸視角，觸類旁通，等於隨時隨地都在為下場演說做準備，這份挑戰使我動力十足，每一分每一秒都朝著成功之路邁進。

盡力演出，不留遺憾

「我們大家歡迎稀尹同學，請上台來！」

坐在台下的我，完全沒有心理準備，舞台的大螢幕放映著《中華好媽媽》的片段，我在節目上勇敢袒露自我，但此時的我竟有點無地自容，不知如何是好。

我們無法預測生命會出什麼樣的考題，唯有盡力演出，不留任何遺憾。

突然，我想到，遭逢人生的絕望，如何翻轉成另一個希望？唯有勇敢。於是，停頓幾秒鐘之後，擺脫尷尬，邁步走了上去。

剛好螢幕上播到唱歌階段，《掌聲響起》的前奏響起，我接過麥克風，在現場原音重現。

「來！我們大家一起陪稀尹唱《掌聲響起》……，孤獨站在這舞台，聽到掌聲響起來，我的心中有無限感慨……。」講師順勢炒熱氣氛，台下的聽眾一起陪著我唱。這是我第一次上課，迎面而來的震撼教育。

感謝我走過來了，這個過程讓我更加勇敢地面對「我就是這樣子的人」，我的確上過這個節目，我也確實發生過好多好多的事情，我都走過來了，那麼還怕些什麼呢？

演說，不只幫我成就自己，也帶我重新找回自己。

「我早知道會這樣了！」一開始，我不是真心要去上課的，心裡已經開始盤算著，活動做些什麼、有哪些橋段等等，懷抱著聽聽看也沒有損失的心態。

但是回到最初的起點，我問自己：對於成功是「想要」，還是「一定要」？是停留在「希望」？還是「無論如何」？

「我為何要站在這裡？因為我要鼓舞自己，證明自己。」

一次次的上台練習，讓我深刻反省，第一，我想到女兒需要我；第二，我知道未來就在當下努力的累積；第三，我要賺錢，幫助自己，也才能幫助更多的人，於是開始轉換心境與想法。

人生宛如一場戲，就讓我傾情演出吧！就算過程有一點閃失，我能對得起自己，也就對得起別人了。

拿到發言權，為自己迎得掌聲

「選我、選我、選我！」我拉高嗓音，同時大幅度做出動作，為的是讓講師注意到我。

在另一個課程的現場，台下學員大概七百多位，老師打算挑選三位上台分享，預計先選十位，再從中進行決選。

因為大家都是有備而來，眼前的麥克風彷彿是座獎盃，都希望能夠上台展現自我，增加歷練，於是吶喊聲此起彼落，如同武士出征前需要虛張聲勢，為自己此行加油打氣，期待贏得冠冕。

麥克風象徵著一種領導、肯定與追隨，透過它能夠傳聲、傳道與傳愛，擁抱它，自己就成了萬眾矚目的聚光點。

我必須拿到發言權，因此一改過往冷靜以對，默默地在台下觀看演出的心態，開始積極地尋求上台的任何機會。

「選我、選我、選我！」唯有主動，才表示充滿必勝企圖心，就在講師還沒有喊開始的時候，我突然站起身來，大喊三聲就主動上台，順勢拿起麥克風，開始侃侃而談。

我必須讓人家清楚地看見「蔡稀尹」，不能再落入「可惜」的圈套、「機會」的鎖鏈，唯有直直地衝向舞台的中心點，呼喊成功。

生命只有一次，當機會就在眼中閃過時，你是勇敢伸手，高喊：「選我、選我、選我」，還是讓它輕易溜走，哀怨地唱：「難過、難過、我難過」？

上台之前，我已經反覆練習過講稿，筆記的內容，寫了又撕，撕了又寫，不下二十幾次，每天對著鏡子自我訓練，面部表情的喜怒哀樂，音調的起承轉合，全逼自己一次到位，才能不辜負如此放膽的契機。

從麥克風流瀉出來的，不是冷冰冰的顫抖音，而是充滿篤定、信心，與充滿吸引力的正向力量，用來感動人心。

所謂的愛，就是「認同」

當舞台的聚光燈打了下來，掌聲再度響起，我再次證明了自己——

大家好，我的分享主題是「愛」。

從頭到尾，我只講「愛」這件事情，但是想先問問你們：「愛是什麼？」

很多人講愛是包容、愛是忍耐，我覺得不是，我覺得「愛」是認同，有了愛之後，你才會產生認同感。

今天不管是——同事愛、朋友愛、親情愛、兄妹愛，今天我愛你，我就會對你產生認同感。

因為你是我的人，一旦我對你產生認同感的時候，我就會甘願付出，甘願付出之後，你是我的人，我就不求回報。

當不求回報的時候，我做了這件事情，最開心的是誰？我自己，所以我愛我自己。

人家說：「愛，要從愛自己開始！」什麼叫愛自己？就先從認同自己開始，這是一個愛的循環，也是善的循環。

因為一切的開始和結束，都是「愛自己」。

那麼，怎麼愛自己呢？你要怎麼愛你自己？很多人都說，就買東西啊，用物質來犒賞自己？難道這樣就算認同自己了嗎？如此的愛是空虛且華而不實，很快就會消散。

愛自己的最好方式，就從認同自己開始。

這是我第一次主動衝上台，拿到麥克風，主控我的人生發言。

往後，開啟了我的麥克風人生，更多的積極，更多的挑戰，也獲得更多的自我實現。

為了精進演說能力，我開始到處聽課，吸收並鑽研，不同的課程、不同的老師有什麼不一樣的地方？後來，我體會到其實大同小異，主要帶領學員克服緊張、接受緊張，進而喜歡麥克風，傳遞正面想法與概念，如同摩西手上的權杖，將紅海一分為二，將信念廣播，進而發揮「助人人助」的強大力量。

那堂課程有六十個學員，其中不乏婚禮主持人、典禮司儀等背景，這樣強大的卡司，怎麼還有我的立足之地呢？

然而，都說初生之犢不畏虎，但我確實有點腿軟了，「我就只是來上課的，並沒有要比賽啊！」想逃跑的心態開始蔓延上來。可是，一看到豐厚獎金又相當誘人，如果賺到獎金，學費等於不用錢了，陷入了兩難局面。

「沒關係，我們志在參加，不一定要得名！」趁著空檔，溜到化妝室打電話給大堂哥求救，他這樣對我鼓勵著。

「可是別人都很有經驗，他們的表情、動作等等，我可能比不上……。」我有些遲疑，已經走出教室大門，準備搭上計程車開溜。

「妳都已經在現場了，就講啊！為什麼不講？妳以後可能要面對更多人講這些事情。趕快回去吧！」他再次信心喊話。

好！我請司機原路回返，彷彿吃下了定心丸，就當這次是上台練經驗。

因為一陣臨時換將，我被分配到最後一個，前面那個人以為自己是最後一位了，見到我有些驚訝。於是，趁著掌聲響起時，我終於步上舞台。

大家好，讓大家等得有些晚了。

不過，身為壓軸其實挺好的，謝謝前面那位大哥先幫我介紹——「壓軸是最厲害的！」

今天，我要分享《迷路回家》這本書，裡面所要傳達的事情。

在人生的旅途上，沒有所謂可不可憐，也沒有所謂做不做得到，不管你有錢沒錢，今天你敢花一塊錢，就要有本事賺回兩塊錢。

如果沒有這個本事的話，請你連一塊錢都不要花！

這裡需要再強調一次，有沒有錢不是重點，而是你要怎麼去創造這些東西？

我們生存需要用錢，我也覺得錢很重要，我並不是出了一本傳遞愛的作品，就不需要錢了。

我非常需要錢，也很愛錢，而且有女兒要養，但是一輩子的工作，就只有在酒店上班的經驗，還能做什麼呢？我相信，你們每一個人的才能都比我好上許多倍。

因此，不知道你們還在抱怨什麼？

一大堆人上來演講，就開始哭——我的業績很差，因為忘記什麼什麼……，對於這該死的人生大肆抱怨著；不然就是說——因為客人怎麼樣，然後自己沒有調整好心態；或是家人不認同我，所以走偏了；因為我跟老公溝通不良，因此孩子變壞了……，呈現出一副受害者形象，只為博取同情。

我想要語重心長地問：「請問你們還活著嗎？」、「請問你們身體健康嗎？」

（台下的群眾回應：「健康啊！」）

這樣不就好了嗎？但我並沒有你們的健康，所以你們哭的點，是不是只為了讓大家給予同情票呢？

剛剛說的話，都純粹是用來做效果的，這裡先跟各位說聲「對不起」，因為我也很愛錢、也很愛哭啊！

只是想要透過分享這件事，鼓勵大家，在人生的每一個階段，遇到的事情都不一樣，現在你所遇到的事情，一定要記住，這是你的故事，屬於個人生命養分的堆疊。

將來你的兒子、女兒長大了，如果沒有這些「生命堆疊」可以跟他們分享的話，那麼這輩子就算白活了，不是嗎？

假使沒有任何曲折，一輩子就是這麼平順的過活，然後賺了一些錢，當然也很好，只是想請問一下，以後要是你的兒女們遇到困難，是你之前也沒有遭遇過的事情，那麼誰可以負責教導他們呢？

就是因為沒有任何挫敗經驗，所以沒有故事可以講！

你想想，你會想跟這樣的人在一起嗎？沒有過程、沒有故事、沒有起承轉合的人生，是不是也很無聊呢？

曾經遇到一個人，說他自己很活該，因為單方面喜歡一個女生，感情受到挫折，他就茶不思，飯不想，把自己關起來，不想講話，然後腳又因故受傷，放任不理。

當時，我只有一句話回他：「這個社會上不會同情弱者，你別傻了！」沒有多說其他安慰的話語。

是不是覺得我很殘忍？沒有同理心呢？

但是，我要讓他知道，社會上不會同情弱者，唯有讓自己更好，才能夠生存下去！

因此，不要博取同情，同情都只是一時，只有你更好，人家才會看見你，而且好事才會發生，做的事情才會順利，不管你將來要從事什麼事情，即使是創業，都很容易成功。

過程的迷途，都是為了讓我們順利找到回家的路。謝謝！

演講內容從書籍內容，一路到「愛延續」的主題，同時帶到我曾在八大行業工作，也分享了美人魚的故事，講完之後，我終於鬆了口氣。

我給自己的定位，其實是名「表演者」。

因為對手們都太強了，信手拈來都是商業理論、成功學的名言，我沒有這些專業背景，只會講講故事，然後帶出活動，讓台上台下能夠有所互聯，期許產生共鳴。

「我還有事，要先走了。」稍微收拾後，就準備先行離席。

「哎，等一下，妳先不要走啊！」其中一位組長說，讓我頓了一下。

「大哥，我講完了，要走了……。」趁著空檔，撥了通電話給大堂哥。

「終於講完了，好棒棒！就是要把它講完，妳就成功了！」他繼續鼓勵著：「我們是志在參加，不在得名，就是去累積經驗……。」

突然間，台上傳來聲音：「第一名，蔡稀尹！」

電話那頭響起歡呼聲，大堂哥也聽見了，天啊！我又把學費賺回來了。

原來平實的語言，最能打動別人，說故事的力量，屢屢創造勝出的不敗傳奇。

奇蹟如昫・練習九

寫出屬於自己第一名的演講稿

試試看，準備一枝筆和筆記本，練習演說七步驟，一堂精彩的演說就成功了一半。

◆一、主題：＿＿＿＿＿＿

先寫下，本次要講的主題。

◆二、架構：＿＿＿＿＿＿

（順著自我提問，一路深挖下去……。）

為什麼要講這個主題？

從哪裡開啟的想法？

想要分享的核心理念？

過程遇到的困難？

奇蹟如昫・練習九

◆三、講故事：＿＿＿＿

（故事要能帶到架構跟主題，產生關聯性。）

自己親身經歷：

別人的故事：

名人曾說過的話：

◆四、方法：＿＿＿＿

（一路開展下來，同時把這些內容串連起來，匯聚成一個主軸。）

主題：

架構：

故事：

◆五、輔助：＿＿＿＿

從核心概念延伸，找到「輔助」工具。

書籍：

電影片段：

相關道具：

◆六、聽眾：＿＿＿＿＿＿

聽眾背景：

聽眾表情：

互動方式：

◆七、賣什麼：＿＿＿＿＿＿

你想要賣什麼？把所有灌溉的小渠道，都往那裡匯流。

反覆修訂與調整，然後彙整出自己完整的演講稿，試著「勇敢上台，拿起麥克風」，反覆練習，進行成果總驗收。最後，正式演練自己寫的演講稿，假想站上勝利的舞台，分享第一名的演說！

10

我，存在於自己的未來

我在路上，遇見我的未來，
正朝著它，走去的路上。

有位虔誠的信徒，只要遇到困難，從沒想過自己解決，就會馬上前往廟裡祈求，希望觀音能夠幫忙開脫生活的種種煩惱。

有一天，這位信徒又遇到麻煩事，當他走入廟裡時，看到一個人已經在殿前叩首膜拜。

然而，定睛一看，那個膜拜的人，竟然和供堂上的觀音長得一模一樣。

「祢，祢，祢……不就是觀世音菩薩嗎？」

「在下正是。」

「那祢為何要來膜拜自己呢？」

「因為我也遇到困難了，只好來祈求一下，不是有句話這麼說：『求人不如求己』嗎？」

我的業績，我自己賺

萬事求神，萬難求人，聽起來像是玩笑話，卻是發生在你我周邊的常態。

剛離婚的時候，需要一份工作維持家計，也得籌到錢，才能跋山涉水探望女兒，於是，我前往一家相當高檔的服飾精品店，打算應徵銷售員。

面試時，現場已經排滿許多人，由於產品主打高單價屬性，來客不是貴婦就是高知識分子，門市主考官為了應對得體，取決標準主要放在學歷，因此一看到我的履歷，馬上就被刷了下來。

「怎麼可以這樣隨便否定別人呢？」我是一個自尊心極高的人，無法接受這樣的選才標準。

有些人可能被否定之後，便一蹶不振或是開始抱怨，反正我沒有漂亮的學歷，現實社會的殘酷，只好這樣了……，消極面對一切結果。

但我不是如此等待宣判的人，反正對方不認識我，我必須為自己發聲。

「老闆娘您好，不好意思，我想請您再仔細看一下我的履歷，除了學歷以外，我經營過服飾店，待客之道、社交經驗豐富，比起那些高學歷者空有理論，沒有實戰經驗強多了，可不可以給我兩個月的時間？您訂下一個業績，等到我能夠達成這個標準，再付我正職薪水就可以！」老闆娘突然眼睛亮了起來。

「但是這段時間，我需要養女兒，我們以業績來計算薪水，可以嗎？」

「以前沒有這樣的先例啊！」老闆娘笑笑地答，但似乎已經有點心動。

「只要給我兩個月的時間就夠了，如果沒有達到您的要求，隨時走人，不用任何薪水，除非我有銷售，有業績才有錢領！」

別忘了，我是「不要臉女王」，人在沒有任何退路的時候，唯有往前直衝，不放過一絲可能的機會。

◆◆◇

眼下，沒有人可以幫我？但天助自助者，求人，不如求己。我在路上，遇見我的未來，正朝著它，走去的路上。

◆◆◇

當時，我並非真的有把握可以達標，內心壓抑著害怕，裝出十分幹練的模樣，只想著先通過面試這一關再說，無論如何，一定可以。

「好！明天就來上班吧！」果然，這份膽識深獲老闆娘的欣賞。兩個月不到，我的業績就順利達標，變成老闆娘想要留我了。

「不好意思，我的夢想達到了，現在要開始超越夢想，如今要向您告辭了。」我們不當雇傭關係，卻結下了朋友情誼。

人生就像打電玩，唯有不斷超越！

假如今天感到口渴，極度渴望喝到水，喝足了一杯水，止渴了，這件事情就到此為止，不會想再喝第二杯。因為實現不渴的願望，也沒有想要超越這件事。

「讓我們實現夢想吧！」夢想可不只是喝水這樣簡單，然而一般人覺得夢想是用來實現的。當成功學課堂也以如此的精神喊話，實現了，然後結束，但之後呢？

我卻認為，夢想是用來超越的，在實現之後，繼續往前邁進，視野不同，格局就不同。

人往往因未知而感到恐懼，成了畫地自限的框架，若能跳脫思考，未知就如同打電玩一樣，因為不知道接下來會發生什麼事，反而充滿無限樂趣，那份刺激感激發內心成功的想望，企圖不斷超越的野心。

人生就像打電動一樣，未知才有趣，不要恐懼未知。

除此之外，破關過程難免有閃失，但我們之所以不害怕，正因為遊戲可以重來。

那麼，人生為什麼不能打掉重來？你可以化名「雷神」、「火焰」，我也可以代稱「喬木」，重新啟動我們的人生。

不解釋，自己吃悶虧

既然要重啟人生，就要丟掉過去的包袱。

那些限制你成長的絆腳石，此時，要學習果敢地斷捨離。

從小到大，我都是一個人，養成了不愛解釋的習慣，因為我以為，如果你是我的朋友，就會選擇相信我，也不會對我產生誤解。

因為不解釋，使我經常成為被誤解的那一方，我又不願做出任何辯解，日益加深的仇視，讓心裡的瘡口越裂越大，形成一個吞噬陽光的黑洞。

《迷路回家》出版後幾年，我陷入了一段低潮期，除了每天面對家母無時無刻的擔憂，看到朋友就一把鼻涕一把淚，似乎證實了我的不孝；還要面對公司因友人背叛，導致資產虧空，需要籌措資金來善後；以及從四面八方湧進來的冷嘲熱諷；還有我的女兒，她還需要我的照養……。

最離譜的牽扯，在於談了一個短暫七天的跨國戀愛，從離婚至今，女兒始終是生命中的唯一，在一趟馬來西亞的旅行中，難得享受久違被關愛的感受，返國後，一切結束，卻成了全民公敵。

從來不覺得自己是瓊瑤式的女主角，走過婚姻後，也不再對愛情有過任何憧憬，另一名對我有好感的男生，卻硬是把我套到裡面的情節，沒有理解的愛，當然無法走在一塊，特別是他還大肆破壞我的人脈。

所有的苦，只好往心裡頭吞，沒有人需要背負這種痛苦，就由我一個人承擔吧。

「上天既然不收我，還讓我出了書，一定賦予了什麼特別的使命，在遠方催促著我前進，但是後續事件的發生需要時間醞釀，如同播種、發芽，一路到開花結果，都需要一段等待期。」

最後，不忍心老人家為我擔心，如此剖心地對媽媽說明，懇請她不要過度憂慮，避免衝突和誤解。

◆◆◇

水因善下終歸海，山不爭高自成峰。只要一步一步慢慢來，老天自有安排，靜靜等待水到渠成的那天。

◆◆◇

慢慢地，透過寫書自療和講師訓練，輾轉機緣，一場廈門之行，遇到了生命中的導師和貴人，使我慢慢從陰影中走了出來，學會勇敢表達自我，重新感受陽光，同時把這份溫暖帶給其他人，因為沒有人該如此被對待。

流言，並不會自動停止，就像我和前夫的關係，曾以為事情過了就好了，其實事情沒說出來、沒有解決，都不會過去。

諸如此類的紛擾，以前的我不會多加解釋，也不會任意對他人大吐苦水，因為覺得不必要，也沒有任何實質作用；現在，我知道，應該適時「發聲」，破除猜疑和顧慮，同時善待身體的自己，未來的事，也才值得期待。

一步一腳印，全靠自己拚搏

達摩祖師有一則遊歷故事，相傳曾到過南梁，梁武帝聽聞後趕緊請人迎接。

由於梁武帝好佛，一見到達摩，就夸夸其談，說自己如何廣建寺廟、雕塑佛像、鑄印經典、供養僧侶，同時廣為佈施，言談中都在炫耀自己的作為。

「經年累月的積善，這樣能有多少功德呢？」梁武帝微笑問。

「並無功德。」達摩答得迅速。

於是，梁武帝臉色一沉，談佛論理宣告終止，達摩遂一葦渡江，留下翩然的身影。

助人，不是為了尋求回報；為善，更不是為了積累功德。這些作為能夠讓自己心安理得、毫無所懼地面對一切順逆，接下來的每一步，就能夠走得踏實、平安。

有些人一旦幫助別人一點小事，就會一直掛懷，三不五十就會拿出來說嘴，好像自己做了多麼了不起的大事，受助的那一方，本身已有感謝的心意。

同樣地，機緣巧合的相遇，平行時空的相逢，開啟兩者之間的合作，有時候並非真有所求，而是因緣聚合，期待共同圓滿一件事。

出書之後，更能體會到，很多事無法憑一人之力達成，唯有合作，才能獲得最大的利益。

當時，宣傳經費和管道有限，經常親力親為的跑宣傳，同時拜託友人幫忙引介，只要有人穿針引線，我願意自己創造機會，因為一口飯、一口湯，都要辛苦賣力地掙來，所以更能感受如人飲水，冷暖自知的箇中滋味。

慢慢地，透過網路的傳佈效應，電視知名主持人看到了我的故事，我把書籍寄給對方，獲得了美好的回應。一句鼓勵的話語，如同「晌」日升起的希望，適時帶給我溫暖的力量。

每個人都會有需要別人拉一把的時候，當行有餘力，給人方便，即是慈悲。

我不怕一步一腳印，全靠自己在拚搏的路上，受人點滴，湧泉以報，才能越走越遠，這份感念的心意，始終不曾忘掉。

的人。

雨中孩子，沒有傘也昂首

「我已經四十歲了，沒有什麼明星夢了！」

我對朋友說，為什麼追求知名度、追求成功？唯有如此，才能讓我有能力幫助更多的人。

上天讓我經歷這些過程，是要告訴我還能做些什麼？因為生技產品讓自己找回健康，因為正向力量帶自己走向美好，我想要把這份沿途的心得化成養分，讓更多人因此受益。

然而，我不是含著金湯匙出生的幸運兒，如今說出這樣的話，不意味著自卑，因為我有屬於自己的天賦本事。

「沒有傘的小孩子，還敢在雨中行走，才是真勇者！」面對質疑聲浪，大無畏精神，使我無敵。

雨中的孩子，沒有傘，也能昂首闊步。

大雨之下，苦中亦作樂，有時候我是母親，有時候我是女兒，有時候我是講師，有時候我是業務，我敢在每一個當下，不怕淋雨，無懼感冒，盡力演好每一個角色。

後來，我思考為什麼「我敢」？歸咎出幾個核心理由，首先、我愛自己；其次，我會為別人著想；再者，我不自滿於現況，而讓自己待在舒適的安全區裡面；最後，很現實的問題，我家沒有錢，所以不怕失去，更沒有理由可以退縮，只好勇往直前。

◆◆◇

因為沒有退路，所以只能一直向前衝，直到衝出一條活路來。

◆◆◇

我有女兒要養，未來有想成就的事情，因此在身上連一塊錢都沒有的時候，還敢用總裁的規格與心態，面對眼前客戶，順利承接大單。當你看得起自己，別人自然不容小覷。

那麼你呢？為了什麼而裹足不前？

想要成功突破舒適圈，唯有把自己逼到沒有退路，走到谷底，反彈之後，才有可能跳過高牆。

把心放事上，別把事擱心上

「我什麼都沒有，你可以看不起我，沒有背景、高學歷，也沒有金湯匙、銀湯匙，什麼都沒有，但是我比你勇敢，我就贏了！」

當我站在舞台上，對著六百多名學員真實地袒露自己，反而為我自己贏來掌聲。

「你們有誰敢這樣？為了爭取上台分享的機會，可以舉手高喊就往上直衝。」

為什麼要這麼做？若不如此，機會不會永遠慢條斯理地等人。

轉換立場，假使今天是一場商業競爭的比試，有多少守株待兔者，將因此失去機會，當機會來了，唯有迎頭而上，即時掌握，才有贏面。

◆◆◇

當每個人充滿覺醒力，把心放在事情上，不要把事放在心上，沒有藩籬，自能通暢無阻。

◆◆◇

在商場，商道就是滿足彼此需求，創造一個更好的環境，團隊互相撞擊而變得更好，不只是利益優先的結合，而是共同成就更好的信念。

但過去的我，可不是如此觀念通透之人。

「我覺得妳六神無主，眼神飄渙，即便再聰明，卻沒有一個想法是正常的！」一位認識長達八年的好友 Angle，這麼對我說。

「沒錯，妳說得很對！」當時，陷入愁苦，正為找不到出路，而百思不得其解，慌亂得很。

「妳不能再這樣下去，唯有懺悔，開始練習『修心瑜珈』，唯有妳好，妳女兒才會變好……。」

Angle 這句話果然打動了我，說到女兒這件事，讓我欣然嘗試。

所謂的修心，修的是安心，把心安住了，就會走向順利的那條路。
修心瑜珈，練習摺疊，感受身體的彈性，也學習面對生活的韌性，成為自己內在的強大力量。

「過去，對不起自己，如今，決定好好愛自己。」

透過每天早上的修心瑜珈，帶引內心的真誠懺悔，同時立定誓約，雙手合掌，身體向下，最後五體投地，再畫起一個圓，讓能量提升上來，順勢慢慢擺脫纏繞自身的糾結，持續完成一個半小時的循環。

整個過程搭配一首沉靜心靈的輕音樂，成了每天喚醒自我的儀式，提醒自己珍惜每一刻，從醒來之後，願意好好過完這一天。

於是，我發現自己不再惶惶不安，面對未知，不再恐慌。

恐懼往往是自己的想像，鬼怪就住在自己的心中，只要認清了這點，就會發現事情沒有所想的那麼可怕。

有些人習慣把事情放在心上，如同過去的我，眼不見為淨，放任問題不處理，纏繞糾結，直到打不開，諸事不吉，衍生許多的抱怨。

經過真心誠意地對自己懺悔之後，帶動氣場轉變，形成自己強大的護力，若以科學角度來看，當身心沒有壓力，沒有負擔，細胞開心了，展現於外的身體自能健康無病，做什麼都輕盈順利，進而能將這份喜樂感染給別人。

後來，我的脾氣有所轉變，很多人都覺得不一樣了，這個修心的路程，讓我找回遺失的自己，同時強大內在的能量。

「人生不是來找尋，而是來創造的！」你是要解決？還是要糾結？

當我不再把事情擱在心上，而是把心放在事情上，就能盡早處理與解決，不會堆積成災。沒有罣礙，心就無憂，不再慌亂，事緩則圓。

如此，我將不只存在於當下，也存在於自己的未來。

奇蹟如昫・練習十

修心瑜珈，與自己內外和解！

與自己內外和解，就從身體，推展到心靈的平衡。

「是否覺得，每天早上很難離開床鋪？不想面對眼前的一切？」

現在，想像天色逐漸亮了起來，大約清晨六、七點的時間，站在床前的空地上（舉平雙手，有足夠空間可以旋轉），先立下一個誓約，例如：「今天，我一定要好好地完成一份漂亮的提案書！」然後，可以播放心靈音樂當作背景，讓心靈沉靜下來。

正式進入修心瑜珈：雙手合掌，身體向下，最後五體投地，再慢慢把身體帶上來，形成一個圓，完成第一次循環。

此時，感受到能量跟著提升上來，擺脫纏繞自身的糾結，然後再進行第二次，持續進行幾輪，可從半小時、一小時或到一個半小時，感受身體的彈性，直至全身感到鬆軟、輕鬆，找回面對生活的韌性。

每天喚醒自我的儀式，將為自己帶來強大內在的力量。

在廈門，遇見我的未來

後記

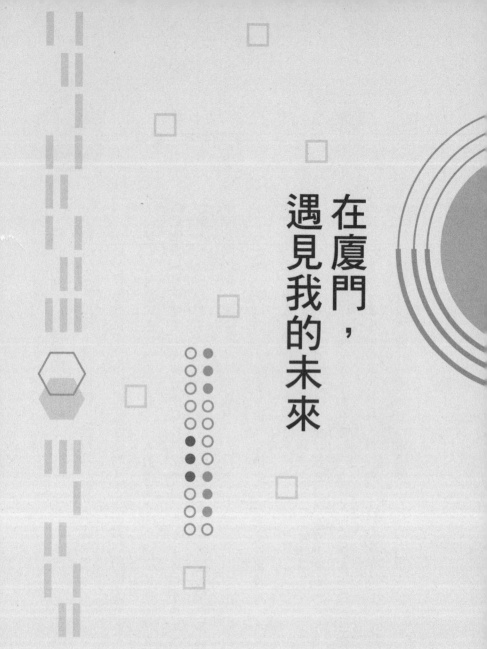

打破框架後的人生，夢想會拉著夢想，成就將牽動下一個成就。生命磨難的堆疊，使我成了行走的作品，有故事的人。

一趟廈門之行，相逢自是有緣，人生何其有幸，匯聚多方有力之士，只為利他而成就我。

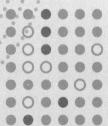

每個人都希望一直受到幸運之神的眷顧，同時害怕災禍降臨在自己身上。

但是轉個方向思考，人生不能單靠幸運過活，當下的不幸，也絕非上天的刻意懲罰，反而是給我們勇於面對生活的磨練，如同禮物。

特別是在自己並不順遂的時候，是不是還能夠真誠無私地對待他人，成了徹底考驗人心的課題，也決定了下一站幸福啟動的時機。

打破原則，奮力一搏

說起來，幸運和不幸常常是一體兩面，有時候，並非我們實際上所看到的那樣，感覺辛苦的，反而幸福甜蜜；嘗起來甜蜜的，其實危機四伏。

就以我的故事為例，活下去或許是悲慘世界，走出去卻成為奇蹟講師，寫下來則是一本勵志血淚故事，如果今天換成是你，你會如何選擇？

我們都不是別人，所以也無法揣測別人的心思，舉一個簡單的例子來說，當你極度口渴時，你會大口暢快喝水？還是依然一小口、一小口地啜飲？

有的人性格豪邁，人生理應痛快，大口吃肉、大口喝酒才是人生；有的人卻行禮如儀，以杯就口，從沒想過越線。

這兩種人都沒有錯，他們也都活得心安理得，沒有誰就一定比較好，端看個人取捨。

事情發生的當下，能否隨方就圓、臨機應變，影響著一個人的優勝劣敗。

「沒辦法，我的原則就是這樣，不能再多了。」很多人就是被自己的框框給綁架了，只要是他做不到的事情，就變成是「原則」。

因此，我再次大聲疾呼：「原則是用來打破的！」跳脫框架，千萬不要受制於眼前的方圓。

夢想拉著夢想，成就牽動下一個成就

「這怎麼可能？」當我準備打破原則的時候，卻引來無數的謾罵和嘲笑。

大家都說，這些都純屬個人的幻想，不做正經事，盡做些不切實際的白日夢，要我趕緊清醒過來。

「若是沒有奮力一搏，女兒以後該怎麼辦呢？」當時的我萬念俱灰，仍然苦思突破現況的方法。

一開始，我認為出版一本書就心滿意足了，寫下走過黑暗的日子，迎接「昫」日東升的朝陽，一切功德圓滿，夢想到此告一段落。

有一天，突然間覺得不該只有一本書而已，還能有更多的東西等著我完成。

「妳這樣子頹喪下去不行，生活沒有目標！」好朋友 Angle 告誡我。

「可是我的夢想達到了啊！」我一頭霧水。

「不會再設計另外一個夢想嗎？」Angle 一語驚醒夢中人。

「妳要趕快寫第二本啊，如果沒有的話，我永遠瞧不起妳這個人……。」一般人都害怕聽真話，但好朋友就是不一樣，永遠站在督促對方更好的立場，激將法果然奏效，使我重新燃起鬥志魂。

你所不知道的是，打破框架後的人生，夢想會拉著夢想，成就將牽動下一個成就。

就在好友的鼓勵之下，我開始展開不間斷的嘗試，慢慢從否定自己，變身傳遞正能量的講師行列，更有了接續下來的廈門外圖的簽書會、微電影開拍、電影的籌備等好事發生，以及第三本書的面世。

做金錢慈善，不如給釣竿

「小姐，妳有一百塊嗎？借我一百快好不好，我很久沒吃飯了……。」當我走過台安醫院面前，蹲坐路肩的男子叫住我。

我看著年約三、四十歲的他，身體無恙，只是有點不修邊幅，若能稍加打扮也是一表人才。

「如果我給了你一百塊，但是下一餐要怎麼辦？你有小孩嗎？」我問。

「有啊！」他有氣無力地回應。

「這樣子你要檢討一下了，連吃飯錢都沒有，兒子、女兒卻不理你？你有沒有想過是什麼原因呢？」我一下脾氣有點上來了。

「我不可能給你一百塊，但是我可以介紹工作給你！有了工作，你可以得到比一百塊還要多的薪水，中餐有得吃，晚餐也有著落，也能夠改善你的生活。」

他哀嘆一聲，舉起右手大力揮過，示意要我快走。

◆◆◇

一向認為，與其做金錢慈善，不如提供對方釣魚的方法，自食其力也許辛苦，但釣到的魚將無比鮮美，更能獲得豐沛的成就感。

◆◆◇

諸如這般「見人伸手」的形象，不只存在於擦身而過的陌生人，你的另一半、兒女、親戚朋友……，都可能曾經化身相同的面貌。

道不同，不相為謀啊，心裡不免深深感嘆著。

一個人若是不願意嘗試改變，再怎麼苦口婆心，都只是浪費力氣，為什麼要如此浪擲生命？辜負自己的人生？

與這樣乞討者截然不同的真實故事，我也遇過不愛錢的發言。

「我是做公益的，不需要錢啊！」有些人大言不慚地說。

「你發發慈悲心，那麼一百塊捐給我好了！」我這樣吐槽朋友。

我有愛心，但得有飯吃，我也需要照顧到家人，穩固並強大自身，後續才能夠做更多的事，幫助更多的人。也許談錢比較俗氣，但我夠真實，從不避諱或虛掩。

你對自己誠實嗎？還是，只是想讓別人看到最好的自己，所以有所隱瞞？

一個要錢，一個不要錢，錢作為一項工具，我們透過工作或其他方式獲取之後，轉換成食物，求得溫飽，或是純粹拿來滿足自身的慾望，抑或發揮高尚的助人情操……。

美國心理學家馬斯洛曾發表過「需求層次理論」，裡面提到由生理需求、安全需求、社交需求、尊嚴需求，一路到自我實現需求、超自我實現，層層遞進，完成一個人的「向上發展」。

然而，生命無法簡單歸類為幾種需求，也並非需要汲汲營營地攀權附貴，只為寄生上流、獨善其身，這不是我想強調的論點。

◆◆◇

比起金字塔尖端的追求，我反而覺得人生比較像無數的曲線，有高峰，有低谷，處於高峰時，可以發揮影響力，提攜後進；屈居低谷時，可以享受悠閒清風，沉潛蘊藉。

◆◆◇

回過頭來說，拿根魚竿教人釣魚，比起不分青紅皂白就給錢，才是行善助人的舉動。

行走的作品，有故事的人

「有什麼是比出書還要突破的事情？而且更多人知道、更具影響力？」

當我提出這個問題的時候，腦海中已經有了答案——影像、媒體、電影。

很多人說，這是不可能的事，但確切知道，走在超越之路的我，已經在軌道上了。我是跟自己在賽跑，和自己比賽，面對那些安於現狀者的批評，無須多加理會。

在我沉潛蟄伏的時刻，每日精研講師訓練課程，表演、台步、講稿、聲音語調等，持續精進學習著。同時，不忘沉靜下心來讀書，與每位作者透過紙本相互交流，進而轉化陳舊的思維，啟動蛻變時機的到來。

◆◆◇

閱讀，仍然是一個潛移默化、自我進修的最好方式，只要其中有一句話打動自己，你就擁有了一把神奇的鑰匙，在關鍵時刻，成為一股翻轉向上的力量。

◆◆◇

「稀尹，妳怎麼在讀書啊？現在很少人閱讀了，妳還要準備出版第三本著作？」曾有人這麼潑我冷水。

「如今，讀者不是變少，而是大家變精了，那我就盡力提升書的品質，就算賣書還是困難，那我可以組讀書會，販售一年份的讀書會員卡，如此將觸發那些渴望進修的人。」我平心靜氣地回答。

更何況，書是留給人最好的正面典範。

◆◆◇

因為我明白，作品不會消失，永遠會有人的需求，只要求知若渴，虛心若愚的人尚存於世，一顆不死的閱讀麥子，將結出成千上萬的穗實。

◆◆◇

一趟廈門之行，結識了高球教練鄭力齊大哥，他這麼對我說：「我覺得，我的一生太順遂了，好可惜，我沒有故事可以講給我兒子聽！」

乍聽之後，有點感覺好像是在挖苦我，後來知道裡面盡是對我的佩服。

「我真的很羨慕妳，有故事可以講給大家聽，我看人生所有的喜怒哀樂、愛恨情仇，妳全部都有了，妳有別的女孩子所沒有的個性與韌性，很令人讚嘆。」鄭大哥補充說到。

這份貼切的讚美，我便欣然地收下了。

過去飽經風霜的日子，生命磨難一路的堆疊，使我成了行走的作品，有故事的人。

廈門外圖分享會，航向新未來

有個人時常發牢騷，老覺得上天待他不公，明明自己那麼努力，卻還是不得賞識，到處碰壁。

有天，他上清淨山求見智者。

「請問智者，為什麼財富離我好遠？」

「財富一直都在你的身上。」智者微笑地答。

「哪裡？我怎麼沒有看到？求求智者開示。」

「好，如果你把一雙眼睛給了我，我便賜你一座比山還高的黃金！」

「眼睛是靈魂之窗，我不能失去它！還有其他辦法嗎？」

「那麼，你把雙手給了我，就賞你一座比海還深的珠貝。」

「不行啊！我還需要雙手，為我做很多事情。」

「好吧，那就雙腳好了，就給你一座比森林還廣的寶石。」

「這怎麼可以，我還要用它行萬里路……。」

「說來說去，你就是不知足啊！全身上下都是無價之寶，怎麼還會自尋煩惱，來找我要財富呢？」

那個人摸了摸頭，狀似頓悟地笑起來，就頭也不回地下山去了。

這個故事提醒了我們，身上盡是無價寶，唯有發揮所長，創造自身的價值，才是人生最大的財富。

因緣際會之下，透過一本書牽起了兩地緣分，廈門外圖集團有限公司的陳總經理讀完了我的故事，深受感動之餘，協助送審圖書機制，通過了層層的內部審核，籌辦活動，廣邀人脈，塵埃落定之後，跨海邀請我參與「海峽兩岸圖書交流大會」，現場分享《迷路回家》的勇敢歷程，受到熱烈回響。

我用雙手打磨時光，用雙腳踏過荊棘，用雙眼看透風霜，開展風華，淬鍊出人生的厚度。

一如《三國演義》有句名言：「萬事俱備，只欠東風。」因緣聚合之下，這些專業領域的前輩願意給予機會，使我滿懷感激。

這趟廈門小旅行，不只展開大型的簽書會，我的作品持續地傳播出去，透過關係的牽線之下，展開了心心念念的電影拍攝籌備計劃，沒想到在這裡得以開花結果。

——方進連總經理：在廈門第一個真心的朋友，全力協助的貴人

——陳炳泉總經理：廈門外圖集團有限公司邀請參與大型簽書見面會

——王剛製片：時空行者影業協助拍攝「14封遺書」微電影

——James：第一位出資協助籌拍「14封遺書」微電影的貴人

——鄭力齊大哥：高爾夫球場上的人生導師、生命知音

——林貞貞：協助改編劇本的知名電影編劇家

他們之所以願意邀請我，正因為打從心裡認定，我可以激勵別人，能夠透過分享進而幫助別人，一路促成後面的所有事情。

相逢自是有緣，人生何其有幸，匯聚多方有力之士，只為利他而成就我。

這份機緣使我熱切地感受到，未來將從廈門啟航，甚至可能擴大到整個華人生活圈，發揮跨越國界的影響力，讓更多人知道我的故事，鼓舞讀者、聽眾、觀眾勇敢突破夢想，找到自己的心之所向。

同時，體會到生命不在於長度，而是在於能否積極創造寬度。

廈門這趟旅行如同攀登一座清淨山，帶我看見了真正的成功、幸福、快樂。

這些不在別處，原來都在自己身上。

因為珍惜，彼此就是一家人

當一個人很想要有一番作為，卻苦於伯樂不來相尋的時候，真是不知道該如何是好？

一路的磕磕碰碰，這麼做也錯，那麼做也不對，似乎處處碰壁，加上自己太過相信朋友，結果落得公司破產，連帶使憂鬱症大爆發。

一場廈門的聚會上，朋友們輾轉介紹，鄭力齊大哥就在其中，餐桌上意氣風發的談笑風生，使人感受到這個人有著深厚學識，後來知道他擅長打高爾夫球，這是我一輩子都不可能接觸的活動，感到十分新奇，就漸漸聊了開來。

後來，他便開始教導我打球的技巧，老家在台南的他，目前落籍紐西蘭、長住廈門，本身是一名成功卓越的商業人士。

「我去廈門，我要住哪裡呀？」有一天，在通訊軟體上對他說。

「如果不介意房間小的話，就來我這邊住吧！」他回應。

「住你那邊好嗎？」

「妳放心，我很君子的！」

當時陷入一陣低潮，對於這趟廈門之行，只是抱持著想去看看外面的世界，渴望踏出熟悉的生活圈，也許能夠激發出什麼火花。

「我們年紀相差了二十歲，但這份感覺很奇特，如果說，有一天妳成功了，我絕對會在背後默默祝福妳，永遠當妳的大哥！」認識一段日子以後，鄭大哥突然發自內心對我說。

「我不知道未來會怎麼樣，但目前你對我的疼愛，是過去我從未擁有過的，這份亦師亦友的情誼，使我深深感動。

唉，再怎麼樣，我都不會把你自己一個人丟著，就算以後我真的有對象，你也來跟我一起生活吧！可以和我們住在一起，就跟一家人一樣！」我真心這麼想著。

鄭大哥有著常人所不能忍的好脾氣，舉凡我的幼稚、無理取鬧，和種種得理不饒人的行徑，他都能包容下來。

隨著時間的推進，我也持續往講師之路邁進，每天的演說表演密集受訓著，同時展開修心瑜珈的練習，進而懺悔於日常生活間的大小缺失。

有一日，我誠心向鄭大哥道歉。

「我真的很對不起你，也非常謝謝你，我知道你對我真的非常好，也照顧到我的家人，我會控制自己的脾氣，轉化那份力量，成為向上的契機。而且不管以後發生什麼事，我都不會把你丟下不管，你一定要相信我……。」

本來有點感人的場面，因為最後的話，讓彼此都破涕為笑。原來這就是心靈伴侶，不用言說的默契。

鄭大哥拍拍我的肩膀，讚許我的作品，更期待這一本新書的面世，篤定相信接下來還有許多的好事，等著慢慢發生。

「就好比打高爾夫球一樣，一球入魂，我是用靈性來打每一場球，而妳是用靈性來從事每件事，包括寫書、演說和戲劇演出。」

如果我沒有遇見鄭大哥的話，這一切是否會如此順利？

◆◆◇

現在，我不需要去追討答案，因為眼下，等待我的晌日已經升起，唯有把握並珍惜身旁所擁有的一切人事物，就不會留下任何遺憾。

◆◆◇

當你翻開這本書，並閱讀到這個段落，期許你也能感受到這份美好，窗口已經嶄露出柔和的光芒，只等待走向前去。

這個世界就像是一個大家庭，有幸身處其中，但願我們都能透過利他而不再有所受限，不再卡卡的人生路，可以盡情嶄露自我，發揮天賦。

最後，喜而無憾，高舉酒杯，一起敬一個值得的人生！

從迷路到回家，人生劇本由我翻轉

附錄

常聽人說：「人生如戲！」但戲可以重來，人生卻只有一次。

生命有時候很殘忍，但你可以選擇溫柔承擔這一切，旅途中的各種嘗試，讓自己變得更不同，想像情節，找到面對傷痛的可能解方。

現在，就跟著我的人生情節，同時思考若是自己遇上這樣的考驗、碰見了怎樣的對手，你又會如何做出應變，讓故事朝向更好的結局。

人生不思議——情節一：大霧籠罩前路

大霧籠罩著整條馬路，前方一片朦朧，讓人分不清方向。

強風捲起狂沙，打在臉上，更吹進了眼睛裡，讓每一步都感到艱辛，路上行人各個表情痛苦而猙獰。

「這裡是哪裡？」

「我要去哪裡？」

「他們又是誰？」

「我要回去，我要回去，我要回去……。」

打著赤腳的我，走在崎嶇不平的石頭路上，大大小小的石頭磨破了我的皮膚，慢慢地滲出了血水，痛得我停下了腳步，跌坐在樹下，兩手抱著雙膝，把頭埋在自己的胸前，無助、委屈的放聲大哭。

「蔡稀尹，蔡稀尹，稀尹，稀尹……。」

突然間，遠處有個慈祥的聲音親切地喚著我的名字。

朦朧之間，我抬起頭來，豎起了耳朵，再撐起身體站了起來，開始尋找聲音的方向，感覺就像在沙漠中聽到礦泉水的叫賣聲，那麼的不可思議。

於是，我擅自脫離隊伍，循著越來越微弱的聲音前進，卻讓自己深入險境，落到最後剩下一個人待在這被霧氣鎖住的森林迷宮，呼天不應，呼地不靈，彷彿我只能夠一直等待下去……。

◆捉ＢＵＧ，劇情定格

當我們遇到人生的大霧，該如何從迷霧中找出方向，走出正確的道路？又是什麼力量帶引著你，重拾勇氣與行動力，讓你願意再次前進？面對眼前的僵局，是否只能束手無策？又嘗試做了哪些努力呢？當事情發生時，是否只會怪罪別人，自己卻不願意負責任？

◆扭轉頹勢，幸福轉折

「我是蔡稀尹，請問你是誰？」我激動地大聲喊著。

「能告訴我這裡是哪裡嗎？」開始湧起浮躁的情緒。

「告訴我該怎麼走出這裡？」瞬間情緒失控大喊。
那些我碰觸不到，也好像看不到的人，他們到底是誰？陷入深深的絕望與埋怨。
「好歹你也出個聲音啊！」我咆哮著。
「再不出來，我要生氣囉！」由於沒有回應，只好轉換方式改用撒嬌的口吻。
「不管是誰，你出個聲音，趕快給我出來！」我尖叫喊著。
不管用了多少不一樣的表達方式，那個聲音和那個人始終沒有再出現。
突然間，我突然有感而發，開始反省起自己。
「我不應該大小聲，對不起！」我慢慢地對著四方道歉。
「貝樂，媽咪不應該因為壓力大，就對妳不耐煩，對不起。」
「我不應該怨恨大家，對不起。」
「我應該要愛惜自己，不讓父母擔心，對不起。」
「我不該害怕承擔責任就逃避，對不起。」
「我不應該還沒聽你把話說完，就斷章取義，妄下定論，對不起。」

「剛才真是對不起，不該用那樣的情緒態度說話。」

當我還想繼續對不起下去的時候，耳邊卻傳來笑聲。

「哈哈。」愉悅的笑聲像是在等我，或是歡迎我的感覺。

此刻，森林裡的迷霧已漸漸散去，撥雲見日看見陽光的感覺，真好。

同時，我也看到這座森林裡面所有的美景，包括那個叫出我名字的人。

解謎人生劇本

當你不接受自己所看見的事，糾結在改變不了的事情裡，然後重複說服自己不想改變的事實，就會讓自己困鎖在大霧中，動彈不得。

唯有靠自己突破困境，不斷前進與嘗試，才能突破僵局，找到真正的出路。

人生不思議——情節二：垃圾天堂

循著一股音樂，走到一座堆積如山的垃圾山，上頭掛著招牌，寫著「垃圾天堂」四個大字。遠遠似乎聽到了推車啟動的聲音，越來越快也越來越靠近，就在反應過來並且要閃避的時候，蹦的一聲，竟被撞倒在一台購物推車裡。

這台推車繼續往前滑動著，車速快到沒有任何逃脫的可能性，瘋狂害怕的尖叫聲，並無法讓車速慢下來。於是，我勇敢地張開眼睛，想要確認自己身處何地，突然前方一塊大石頭飛來，不偏不倚地落在推車正前方，就這樣迎頭撞上，我也因此整個人被彈飛了出去。

一陣重摔倒地的疼痛，讓我脫口而出一字髒話，環顧四周的環境後，不得不承認我被丟棄在這令人嫌棄的垃圾場裡。因為這些堆積如山的垃圾，發出臭氣熏天的氣味，我的胃開始大肆翻攪，同時乾嘔了好幾聲，我仰著頭無辜地看著天空，自言自語地說著：「只要可以讓我離開這裡就好，不管用什麼方法？是人、是鬼，或是神，誰都可以，只要可以帶我離開現場，我都會全力配合！」

就在誠心誠意祈求上天給我出口的時候，一首令人愉悅且輕快的旋律，在我耳邊再次響起。但我的心並不雀躍，反而抱怨起這股音樂讓我陷入絕境。

我憤怒且用力踩過每個垃圾，試圖讓自己爬上高處，然後從高處往下看，想要揪出這個害我如此落魄的那段音樂。我越爬越高，依稀看到了一個人影。

空氣中凝結的霧氣，讓人看不清楚他的長相，我一邊往前，撥開眼前的濃霧，一邊揮舞著手，想更接近他。痛！一個沒長眼睛的寶特瓶，就這樣毫不留情的打在額頭正中央，憤怒已經使人失去理智……。

◆捉ＢＵＧ，劇情定格

當你被丟棄在生命的垃圾場中，可能是情緒低潮、感情失敗、投資失利、被裁員、被欺騙、被倒債等等，感覺全世界都遺棄了你，該如何度過這段陣痛期？

面對混亂的局勢，如何在滿身泥濘中，再度爬起來，丟掉身上的垃圾，把自己重新打理乾淨，迎向正面的人生？

◆扭轉頹勢，幸福轉折

「為什麼會有個阿伯在這裡撿破爛？」、「為什麼他好像在等人？」、「誰會約在這樣迷宮式的垃圾場裡？」、「垃圾場怎麼有名稱？」、「為什麼阿伯穿得那麼怪異？」、「是人還是鬼？」、「我到底為什麼在這裡？」還來不及想更多的為什麼，就看到阿伯很有魄力地一聲令下：「時間到了！」

阿伯把拐杖往地上用力一敲後，白白胖胖的寶特瓶上居然長了令人討喜的五官，用單隻腳跳躍的方式往前進，看起來就像是一群穿著不同顏色制服的小孩。阿伯手上的拐杖瞬間變成麥克風造型的指揮棒，同時說著：「一起唱！」彩色立體泡沫瞬間飄散在這個垃圾天堂的四周。

當下決定一起感受它們的喜悅，快樂地手舞足蹈起來，暫時忘卻這令人感到噁心厭惡的垃圾場裡，隨著音樂瘋狂地尖叫，試圖宣洩所有不滿，一直到身體疲憊不堪後，才慢慢停下來。

「啵、啵啵、啵啵啵——」情緒就像爆米花一樣，一顆顆地爆炸開來，彷彿有什麼東西正要接近，我大聲喝斥：「走開，不要碰我！」那名阿伯似乎看出我的抗拒，用拐杖在我面前畫了個圈，設下了結界，就像是顆金剛泡泡，慢慢地飄起來，且越飄越遠，把我帶離了這個垃圾天堂。

解謎人生劇本

當我們身處巨大的垃圾場裡，才發現自己是多麼渺小，深怕就此被埋沒，再也沒有辦法翻身，甚至只能與垃圾為伍。

生命是一連串考驗的旅程，任何好事與壞事都是上天安排好的禮物，因此沿途的垃圾也是一種「禮物」的形式，「點石成金」的故事不是傳說，換個角度看世界，就能創造屬於自己的價值。

每個人都有自己獨一無二的人生，沒有誰可以干涉別人的生活，卻可以用自己的故事啟發並影響他人，同時翻轉自己的人生劇本，朝向更好的方向前進。

「你，永遠是自己這場戲的主角！」每一天就像是在演繹自己的電影，每一個情節就像是一個場景，每一個決定都將影響下一個結果，好與壞、悲與喜，全都掌握在自己的手中。

國家圖書館出版品預行編目 (CIP) 資料

我的人生不卡卡：利他而後成就自我的日常練習 / 蔡稀尹作 . -- 第一版 . -- 臺北市：博思智庫，民 109.05　面；公分

ISBN 978-986-98065-9-6(平裝)

1. 成功法 2. 自我實現

177.2　　109004613

GOAL 34

我的人生不卡卡

利他而後成就自我的日常練習

作　　者｜蔡稀尹
主　　編｜吳翔逸
執行編輯｜陳映羽
專案編輯｜胡　梭
資料整理｜陳瑞玲
美術主任｜蔡雅芬

發 行 人｜黃輝煌
社　　長｜蕭艷秋
財務顧問｜蕭聰傑
出 版 者｜博思智庫股份有限公司
地　　址｜104 台北市中山區松江路 206 號 14 樓之 4
電　　話｜(02) 25623277
傳　　真｜(02) 25632892

總 代 理｜聯合發行股份有限公司
電　　話｜(02)29178022
傳　　真｜(02)29156275

印　　製｜永光彩色印刷股份有限公司
定　　價｜280 元
第一版第一刷　西元 2020 年 05 月

ISBN 978-986-98065-9-6

博思智庫股份有限公司
博思智庫粉絲團　Facebook.com/broadthinktank